零基础学
价值投资

股震子◎著

中国宇航出版社
·北京·

图书在版编目（C I P）数据

零基础学价值投资 / 股震子著. --北京 : 中国宇航出版社, 2020.6
ISBN 978-7-5159-1784-9

Ⅰ. ①零… Ⅱ. ①股… Ⅲ. ①投资－基本知识 Ⅳ. ①F830.59

中国版本图书馆CIP数据核字(2020)第073429号

策划编辑 田芳卿
责任编辑 吴媛媛　　装帧设计 宇星文化

出版发行 中国宇航出版社
社 址 北京市阜成路8号　　邮 编 100830
(010)60286808　　(010)68768548
网 址 www.caphbook.com
经 销 新华书店
发行部 (010)60286888　　(010)68371900
(010)60286887　　(010)60286804(传真)
零售店 读者服务部
(010)68371105
承 印 三河市君旺印务有限公司
版 次 2020年6月第1版　　2020年6月第1次印刷
规 格 710×1000　　开 本 1/16
印 张 15.5　　字 数 220千字
书 号 ISBN 978-7-5159-1784-9
定 价 49.00元

只要是金子，必然会发光

（代序）

价值投资几乎可以与巴菲特画等号。国内的投资者了解价值投资，接触和学习价值投资，也是因为这种理念是股神巴菲特所信奉和遵从的。

不过，随着国内股票市场交易制度的不断完善，投资者的投资思想也逐渐成熟，特别是注册制推出以后，市场上的股票不再像以前那样稀缺，投资者必须对市场上的股票有所选择。以前那种牛市所有股票价格都会大幅上涨的局面可能不会再有了，股价能够持续上行的，肯定是业绩优良、竞争优势明显的企业股票。也就是说，价值投资将会越来越绽放其独特的魅力。

按照价值投资理论，一只理想的标的除了具有较高的内在价值外，还需要价格便宜。当然，这里所说的“便宜”并不是简单的价格高低，而是相对于股票的内在价值而言，有一个较大的折扣。事实上，并不是每只股票的基本信息都会清晰地给出这只股票的内在价值，也不会给出是否具有投资价值的结论。因此，投资者必须自己动手去寻找合适的、具有投资价值的股票。

投资者的出发点不同，看法和观点不同，对个股价值的评估也会不同，正是这种差别的存在，才会有人卖出股票，有人买入股票。我们所能做的，不是看其他投资研究者给出的股票估值是多少，而是要根据自己掌握的信息，对股票价值进行判判和估值分析，进而做出交易决策。

没有人会为你的投资失败买单，我们必须对自己负责，对自己的投资负责。这就意味着，你需要在买入股票前做大量准备工作，研究标的股票是否具备投资价值以及当前价格是不是处于合理价格区间。不过，当你做出交易决定并买入股票后，一切都变得简单了，不需要过多关注股票每日或每周的走势，只需在股价到达目标价格或发生意外事件后采取紧急处理措施即可。

作为一名价值投资者，除了需要学会如何选择股票外，还要耐得住寂寞。价值投资与趋势交易不同，很多时候按照价值投资原则买入股票时，这些股票可能正处于下跌趋势，且有可能是下跌最猛烈的阶段。这就意味着，投资者买入股票后，股票账户里看到的可能不是盈利数字，而是亏损金额。但是，回顾股市的发展历史可知，很多超级牛股或绩优股，恰恰是这个时候才有买入机会。在正常的上升趋势中，这类股票的价格往往都是很高的。

按照价值投资理论买入股票后，从长远来看盈利是没有问题的，但短期走势很可能没有一些“短线强势股”或“热门概念股”那么火爆，这也是很多投资者无法长期坚持价值投资的原因。

有人曾经这样问巴菲特：“价值投资如此简单有效，可为何大多数人做不到呢？”巴菲特回答道：“因为没有人愿意慢慢变富。”也就是说，投资者要想实践价值投资，除了需要学习价值投资理论的思想、方法和技巧，还要持之以恒，长期坚定地持有。

投资者应该坚信：闪光的不一定是金子，但只要是金子，必然会闪光！

目　录 CONTENTS

第八章　内在价值计量—— 绝对估值法

第九章　外在环境——选择朝阳产业

第一章

认识价值投资

价值投资，从字面意义上来看，就是一种投资活动，它与趋势交易不同，是一种基于股票价值的投资活动。这里的价值，不只是股票本身的内在价值，还有股票的投资价值。股票的内在价值反映了股票本身所含有的资产价值，最直接的一个财务指标就是每股净资产，但股票投资价值的计量要复杂得多。股票的投资价值涵盖了股票的内在价值以及未来的发展潜力、市场供需等因素。

第一节　价值投资的起源

自从有了股票，市场上的投资者就试图对影响股票价格走势的因素进行分析，并预判股票价格的未来走势。正因如此，市场上才会有很多理论探析股票价格运动的奥秘。但是，随着研究的深入，越来越多的投资者开始跳出对股票价格运动的分析，尝试揭示股票价格运动的根本原因。于是，反映股票本身价值的价值投资越来越受到重视。

说起价值投资，不得不提及两位大师级的人物：第一位，格雷厄姆，他被称为价值投资的奠基人；第二位，巴菲特，正因为巴菲特利用价值投资理论取得了巨大成功，才让价值投资这一理念的影响力达到了今天的高度。

一、格雷厄姆与价值投资

在股票投资历史上，格雷厄姆是一个非常具有代表性的人物。格雷厄姆撰写的《证券分析》和《聪明的投资者》两种图书，被认为是证券分析领域的经典著作，也是价值投资理论的奠基之作。

在格雷厄姆介入股票投资领域之前，股票一直被看成一种投机工具，只有债券才是投资的选择。

在格雷厄姆的股票价值分析体系中，为了寻求最佳的安全边际，他总是强调在股票价格大幅低于内在价值的情况下执行买入操作。企业可能会经历最差的情况，比如破产清算，即使企业遇到了这种情况，企业的资产价值也应该超过买入该企业股票所支付的成本。通常情况下，在股市经历暴跌行情后，市场上会有很多格雷厄姆期待的投资标的出现，而在正常情况下，股市中很难有股票会出现这种价格。

当然，股票的内在价值是一个比较模糊的概念。格雷厄姆在《证券分析》一书中，曾经为股票的内在价值设置了一个分析范畴，即盈利、股息、资产、资本结构、证券条件及其他有价值的资产。

在格雷厄姆的价值投资体系中，其实并不包含我们目前流行的分析方法，即股票的成长性分析。格雷厄姆喜欢将企业未来经营良好的预期当成一种馈赠。在他的理论和思想体系中，未来盈利能力是一个难以预测的概念，特别是我们仅仅了解企业过去的平均盈利能力或者过去盈利能力表现出明确的上升或下降趋势，这都是不够的。格雷厄姆认为，必须有合理的理由才能认为，这个平均盈利或升跌趋势能够可靠地预测未来。而现实的情况是，这个预测方法在很多例子中都是错误的。

也就是说，格雷厄姆更加侧重分析确实能够获得的资产（包括对各类财务报表以及盈利的分析等），而非未来可能获得的盈利。因此，在格雷厄姆看来，用 0.4 元买入 1 元的资产，盈利的概率肯定要大一些；市场的非理性波动能够成为我们的朋友，即当市场出现非理性下跌时，往往更容易捡到便宜的股票；买入股票就相当于买入了一部分公司的所有权，证券市场短期来看是投票器，长期来看则是称重机。

在格雷厄姆的投资生涯中，年平均盈利幅度为 20% 左右。当然，若去掉对政府雇员保险公司的投资收益，则其生涯平均投资回报率仅为 17%。对政府雇员保险公司的投资是格雷厄姆投资生涯的一次例外，在这次投资中，他自己并没有遵守自己的投资原则。按照格雷厄姆的投资原则，他购买企业的股份时，一般都是按照企业资产价值 2/3 的价格购入股份，而他购买政府雇员保险公司股份时，则是按照资产净值支付的。也就是说，按照他自己的投资标准，他是花了高价买入企业的股票。其后的事实证明，这是一次非常成功的投资活动。政府雇员保险公司后来的业绩非常强劲，给格雷厄姆带来了大量的投资收益。

尽管在格雷厄姆的图书和思想体系中并未给出上述投资活动合理的解

释，但其投资行为恰恰是看好该公司的业务以及所处行业的成长性。

二、费雪与成长股

菲利普·A. 费雪的投资风格与格雷厄姆有很大的不同。在费雪看来，一只股票的市盈率高，背后必然有其原因。从当前的股票价格来看，可能市盈率显得过高了，但背后肯定有支撑其高市盈率的原因。未来，若该企业的经营业绩持续提高，那么，当前的高市盈率就不再高了。

在费雪的思想体系中，股票的成长性是排在第一位的，而非低价格。投资者在分析股票的质地时，要重点寻找那些盈利即将有大幅改善的企业，最好是盈余改善即将到来，而市场并未推动股价上攻的标的股。比如，某只股票的市盈率可能达到了行业均值的两倍，表面上看，这只股票的价格已经偏高了，但是，若该企业的业绩增速远远高于行业平均水平的两倍，那么，这只股票就是一只非常值得投资的优质标的。当然，若未来这只股票的成长性减弱，则其高市盈率将难以维系。其实，这也是消费品领域很多白马股市盈率很低，而生物医药板块中很多上市公司业绩并不突出，但其股票的市盈率很高的原因所在。很多消费品企业的市场占有率已经接近行业天花板，继续增长变得十分困难；反之，在生物医药领域，很多企业研发的新药具有很大的市场潜力，因而高市盈率是一种十分正常的现象。

在格雷厄姆的思想体系中，若股票价格上涨50%以上，则应该考虑卖出，而在费雪的思想体系中，若手中的股票足够优秀且仍能保持优秀，就不应该因为股价高而卖出，卖出的理由只能有三个：第一，初始阶段股票选择出错；第二，原有的业绩增长逻辑不再，即企业的管理和业绩出现退步，不具有高成长性；第三，发现了更为优秀的个股，需要投入资金。

在费雪的投资思想中，低成本生产是他非常看重的指标。当然，这与他生活的时代有关。在费雪那个时代，服务业远不像今天这样发达，网络信息技术也没有发挥今天这么大的作用。今天的低成本生产很难抵消日渐增长的员工工资带来的压力，而科技、创新、服务带给整个时代的变革还在深入。

三、巴菲特与伯克希尔公司

巴菲特是格雷厄姆的学生，也是他的忠实追随者。同时，巴菲特对费雪的思想也推崇备至。巴菲特曾经形容自己的投资风格是85%的格雷厄姆与15%费雪的结合体。不过，很多人在总结巴菲特后期的投资风格时，更愿意相信他是15%的格雷厄姆与85%的费雪的结合体。

巴菲特涉足股市初期，在读到格雷厄姆的《聪明的投资者》一书之前，巴菲特的股票投资收益并不光鲜。其后，为了能够深入学习格雷厄姆的投资理论，巴菲特曾在格雷厄姆的公司工作过一段时间。

其后，他的投资开始变得顺风顺水，在很短的时间内挣了很多钱。自此，巴菲特对于格雷厄姆的理论深信不疑，并努力践行。如果此后巴菲特的投资行动一切顺利，那么，我们也许就不会认识今天的股神了，也许巴菲特只能以格雷厄姆的弟子或追随者被世人记住，或根本不为人所知。关键是意想不到的事情发生了，巴菲特严格遵照格雷厄姆的投资原则买入了伯克希尔·哈撒韦公司的股票。当时伯克希尔·哈撒韦公司是一家濒临倒闭的纺织企业，巴菲特以低于净流动资产的价格买入了这家纺织厂。按照巴菲特对格雷厄姆投资理论的理解，以远低于净流动资产的价格购入企业，肯定是一项非常划算的投资。然而，由于当时整个纺织业非常不景气，尽管巴菲特耗费了很大精力，试图扭转该公司的运营处境，但最终还是以失败告终。巴菲特最后以极低的价格卖出了伯克希尔·哈撒韦公司的纺织业务，但保留了伯克希尔·哈撒韦公司的名称。伯克希尔·哈撒韦公司目前已经成为多元化控股集团公司，该公司股票的单股价格高达几十万美元。

对伯克希尔·哈撒韦公司的投资，是巴菲特投资生涯中为数不多的败笔之一。尽管以低于净流动资产的价格买入企业，但他花费了很多时间和金钱试图挽救该企业，结果却不理想，丧失了很多机会成本。后来，巴菲特在给股东的信中这样写道："同样的管理层，在那些具有经济特征的公司里，可能会取得优异的成绩。但是，如果他们是在泥沙中奔跑，就不会有任何进展。"

通过对伯克希尔·哈撒韦公司的投资，巴菲特意识到，以低于净流动资产的价格买入企业股票，仍不能确保自己投资获利。具有发展潜力的行业，运营良好的公司，都是投资和并购不可或缺的条件，否则投入的资源就有浪费的风险。尽管一些公司的股票价格可能高于净资产若干倍，但其仍是值得投资的，这就与格雷厄姆的投资思想相背离了。特别是巴菲特长期持有可口可乐公司的股票，让其获利颇丰，这更加坚定了他选择那些盈利能力强、竞争优势出众的企业的投资思路。

此后，巴菲特总结出了几项著名的投资规则：一流的行业、一流的业绩、卓越的财务指标与优秀的管理团队。巴菲特的投资规则目前已经成为很多投资者选股的“金科玉律”。在巴菲特后期的投资实践中，依然可以找到格雷厄姆和费雪的影子，但因为其坚守原本的投资信条，也错过了科技时代最大的投资“红利”，比如微软。

第二节　价值投资的四大基本原则

自格雷厄姆首创价值投资后，经历了费雪、巴菲特等人的发展，形成了相对完整的股票价值评估与投资体系。价值投资体系包括四个基本原则，如图 1-1 所示。

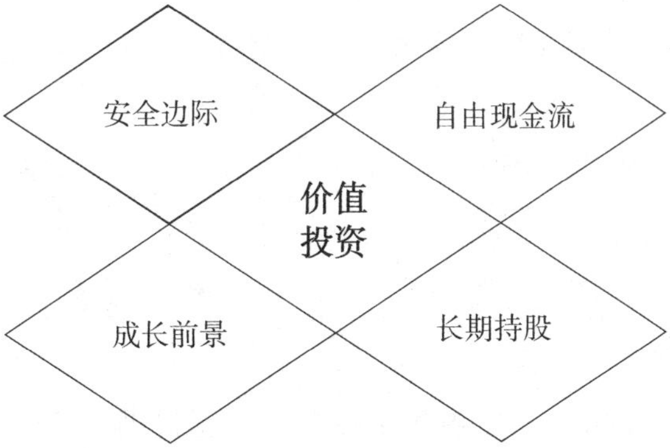

图 1–1 价值投资的四个基本原则

一、安全边际

安全边际是格雷厄姆创立价值投资理论伊始便坚持的基本原则。安全边际原则，也是价值投资理论中最重要、最核心的原则。不过，随着时代的变迁和投资理念的发展，对安全边际的理解也有所不同。

在格雷厄姆所处的时代，安全边际有着最直接的体现。格雷厄姆喜欢用简单、直接的方法评估拟购入资产的价值，一般是由净流动资产的价值为切入点。假如一个企业的净流动资产为 3 000 万元，那么，格雷厄姆总是希望以低于 2 000 万元的价格买入，这样，从净流动资产方面来看，自己就有了 1 000 万元的安全边际，而固定资产等同于白送给自己。当然，企业的盈利能力以及未来的成长性，在格雷厄姆看来都是额外的附加价值。也就是说，在大部分情况下，用资产净价值 2/3 的价格完成收购，并获得 1/3 以上的安全边际，是格雷厄姆喜欢做的事情。

随着时代的发展，特别是巴菲特收购伯克希尔公司经营受挫后，很多坚持价值投资的投资者开始修正安全边际的评估对象，即从以前的净流动资产转为自由现金流的贴现价值。也就是说，假如一个企业未来持续为自己创造的自由现金流的净值为 1 000 万元，此时以 800 万元买入，则相当于获得了 20% 的安全边际。

二、自由现金流

充裕的自由现金流是一家企业最重要的资产，也是股票估值最重要的参考指标。无论企业的竞争优势多强，若不能将其转化为强劲的现金流，一切都是空谈。

长期以来，到底该如何评价企业的内在价值，这个问题一直困扰着价值投资者。按照格雷厄姆的净流动资产评估法，只有在股市暴跌时才能找到合适的标的，这是无法满足投资者需求的，于是越来越多的投资者研究更科学、合理的内在价值评估方法。

拉里·威廉姆斯设计的自由现金流贴现模型提供了一个不错的思路，即通过将未来数年内企业获得的可自由支配的现金流贴现到当下，并计算当前企业的现金净值。基于当前的现金净值，投资者可以很容易地计算出企业当前的内在价值。

自由现金流贴现模型也是一个相对理想化的模型，尽管借助该方法能够准确地计算出股票的内在价值，但自由现金流的计算很难做到准确。也就是说，投资者只能靠预测的未来现金流来计算贴现价值，这在一定程度上影响了股票估值的准确性。

三、成长前景

股票的成长性是费雪价值投资理论的核心。在格雷厄姆首创的价值投资理论体系中，并没有涉及严格的股票成长性分析，即使是企业当前的盈利能力关注也并不多。格雷厄姆将购入企业表现出的较强的盈利能力看成一种额外的奖励，在费雪提出著名的挖掘成长股的 15 条方法后，巴菲特也将企业的成长前景看作价值投资分析体系中的重要一环。特别是经历了伯克希尔纺织厂投资失败，更是让巴菲特感觉到企业成长的重要性。同样是拥有 1 000 万元资产的企业，每年能带来 10 万元利润的企业和每年能带来 200 万元利润的企业，它们的价值肯定会存在很大的差别。

当然，一个企业的成长性与行业、大环境有关，也与企业自身的核心竞争力有关，还与自身的财务业务能力、内部管理水平有关。后面的章节还将重点介绍挖掘企业成长性的方法。

四、长期持股

在价值投资体系中，长期持股是一个相对基本的要求，却不是亘古不变的原则。格雷厄姆创立价值投资理论时认为，买入一家企业的股票后，若股价已经上涨了 50% 以上，那么，投资者就应该考虑卖出了。但在费雪的成长股理论体系中，只要一家企业的成长逻辑没有改变，投资者就不应该轻易地卖出手中的股票。

结合我国 A 股市场的实际情况来看，我们在长期持股的原则方面需要更加灵活，毕竟长期持股只在少数几只股票上能够发挥作用，比如万科 A、贵州茅台、格力电器。下面来看一看上证指数的历史走势就清楚了，如图 1-2 所示。

图 1–2　上证指数日 K 线走势图

从图 1-2 中可以看出，在过去 15 年内，上证指数经历了两拨明显的高潮与低谷，而点数的涨幅并不大。也就是说，很多企业的股票价格经过了 15 年的起落之后，上涨幅度十分有限，只有个别长线绩优股能够穿越牛熊，大多数股票的价格则随着大盘的涨跌而起起伏伏。

在 A 股市场上，坚持价值投资的投资者既要有长线持股的心态，也要能够在股市短线暴涨时适时地选择减仓或暂时空仓，这样才能获得可以说得过去的投资收益。毕竟，一只股票的价格在短线暴涨之后，其具有的成长性已经被严重透支，这时投资者短暂出局也是一个合理的选择。当然，若整个股市大盘的点数较低，比如在 3 000 点以下，则投资者可以安心地长期持股。

第三节　价值投资的基本分析框架

从短期来看，股票价格的波动与资金的推动有关，这充满了随机性与偶然性，其背后又与投资者的心理有着重要的关系。从长期来看，股票价格的波动与股票本身所创造的价值有直接的关系，即只有那些能够持续为投资者赚取利润的企业股票，其价格才具有上涨的动力。从这一点来看，守住价值投资的底线，挖掘股票本身的价值，确实是长线投资的有效策略。

通过前面的介绍可以发现，价值投资分析和研判的方法与对象也不是一成不变的，随着时代的发展，这一投资策略的分析内容也会随之调整。比如，经历了股市大动荡甚至大萧条的格雷厄姆，更倾向于用较少的资金购买较多的资产（这部分资产并不一定能够良性运营）。费雪则更倾向于选择那些未来成长性较佳的标的，虽然这可能会支付远高于资产价值的成本。巴菲特则是兼顾了二者的优势，并在实践中有所发展。

价值投资的基本分析框架如图 1-3 所示。

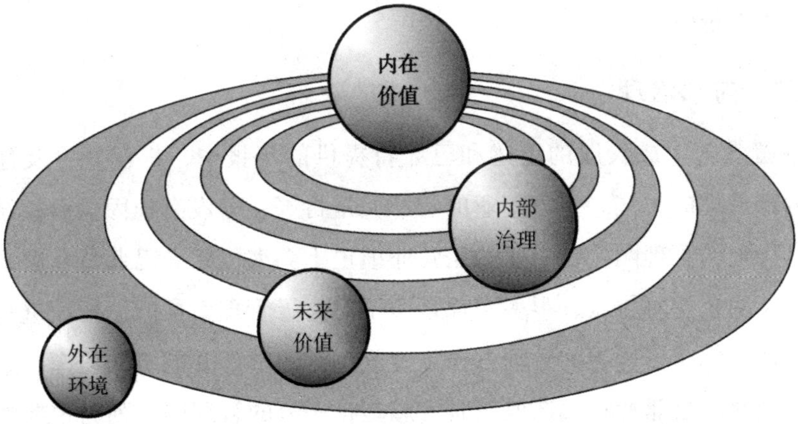

图 1–3 价值投资的基本分析框架

从某种意义上来说，价值投资的基本分析框架与价值投资的基本原则密切相关。

一、内在价值

内在价值与前面介绍的价值投资的四大原则之首的“安全边际”密切相关。只有确认了一只股票的内在价值，才能寻找交易的安全边际。也就是说，你要买入一件商品，若想以非常便宜的价格买入，首先就要知道这件商品到底值多少钱。若这件商品的成本是10元左右，那么，你花五六元买入都是比较便宜的。因为这时你就获得了四五元的安全边际。反之，若你不知道这件商品值多少钱，那么，你的安全边际也就无从获得。我们不能根据卖家给出的价格来确定自己的安全边际，因为你也不知道卖家报价中有多少水分。股市中也是如此，股价的涨跌会受到多方面因素的影响，单从股价上很难看出一只股票的内在价值。

在格雷厄姆创立价值投资理论时，就开始建立一套分析股票内在价值的方法，包括对企业自身资产、分红或股息、盈利、资产结构等方面进行分析，以确认股票的内在价值。

时至今日，经过了拉里·威廉姆斯、费雪、巴菲特等人的发展，内在价值的计量方法有所改进，但最根本的思想基础没有改变，即准确地计量股票真实的内在价值。

二、内部治理

在费雪关于成长股的论述和巴菲特提供的年报中，都反复提及他们对企业内部治理的关注。一家企业的资产质量再好，若没有稳固的股权结构、优秀且稳定的管理团队，企业的运营业绩也不会太优秀。巴菲特在解释自己选择投资的企业时承认，很多次都是源于对高级管理人员的信任而进行的。也就是说，他相信优秀的管理者善于驾驭企业的资产并能将其发挥出最大的价值。因此，巴菲特在挑选股票时，总是将一流的管理团队列为主要的评估指标。

由于A股市场的发展还不成熟，很多企业的股权结构并不稳定，这在一定程度上可能影响企业未来的经营与发展，因而投资者需要关注。比较有代表性的案例包括格力电器的控制权更迭、万科A控股权的争夺等。

三、未来价值

未来价值是指企业未来能够获得的有价值的资产。通常情况下，我们需要重点分析那些能够确保企业在未来获得稳定而高速发展的因素，比如核心竞争优势，巴菲特用“护城河”来形容一个企业的核心竞争优势。当然，核心竞争优势只是未来价值的一部分，其他还包括企业的品牌或声誉资产、可持续的成长性。在费雪的成长股理论体系中，若一家企业的净利润能够持续保持较快的增长速度，那么市场就会接受较高的市盈率。

四、外在环境

在价值投资理论体系中，并不提倡投资者进行波段或短线交易，但企业所属行业的发展态势以及极端的股市行情，还是需要投资者考虑的。

站在发展的角度来看，似乎没有什么行业能保持长盛不衰。况且，就当前的情况来看，众多行业也要区分为朝阳产业和夕阳产业。若投资标的企业所属行业为夕阳产业，那么，无论安全边际有多高，管理层有多优秀，可能最终都很难获得预期的回报。前面介绍过，巴菲特投资的伯克希尔纺织厂，就是那个时代的夕阳产业。

人们常说，股市是经济的晴雨表。然而，股市的走势也不会与宏观经济完全一致。特别是在牛市的顶峰和熊市的低谷期时更是如此。一波牛市展开时，股票价格会大幅上涨并严重偏离其内在价值；反之，在熊市低谷期，股票价格也会因大幅下跌而严重偏离其内在价值。其实，这一时段往往是投资者调仓的最佳时机。

巴菲特曾经说过：在别人贪婪时我恐惧，在别人恐惧时我贪婪。其实，这种心态与价值投资理念完全一致。牛市时，市场上的投资者都非常贪婪，想要获得更高的收益，因而股价被大幅推升，此时已经非常不适合继续进行价值投资了，因而暂时离场是不错的选择。熊市时，市场上的投资者都如惊弓之鸟，稍有风吹草动就会出逃，致使股价大幅低于其内在价值，此时往往是价值投资的最佳入场时机。

第二章

投资逻辑与牛市、熊市

为了让投资者更容易理解价值投资，我们从价值投资最外的层面逐层向里过渡。很多投资者将价值投资简单地理解为选择一只绩优股，然后长期持股不动，如同巴菲特30年持有可口可乐一样。然而，即使是巴菲特持有的可口可乐，也并非能够持续为其带来丰厚回报。

根据相关资料披露，在巴菲特投资可口可乐的前 20 年内，也就是 1988 年到 2008 年之间，可以获得每 10 年翻 10 倍的回报，这真是十分惊人的回报率了。可是，自 2008 年到 2018 年，经历了 2008 年的金融危机，可口可乐的回报率开始大幅走低。不过虽然可口可乐的回报率大幅走低，也达到了 2 倍左右。

当然，对于普通投资者来说，即使是最坏的投资回报也是很不错的。然而，作为普通投资者，有几个人能够持有一只股票 30 年不动呢？持有万科 A 的刘元生是个例外，可是大家想一想，在 20 世纪 90 年代初就能够拿出几百万元投资股票的人，恐怕当时也没有几个。即使投资者选择了万科 A，也不能保证能承受股价 10 年在原地踏步的局面，如图 2-1 所示。

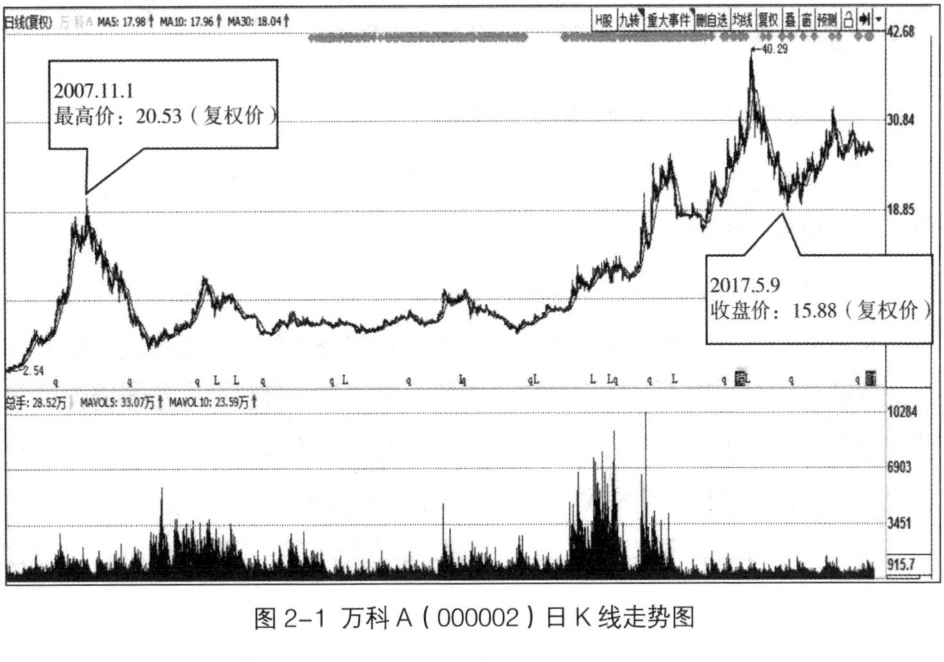

图 2-1 万科 A（000002）日 K 线走势图

2007 年 11 月 1 日，在大牛市行情的推动下，万科 A 的股价到达了 20.53 元（复权价）这一历史高点。此后，随着股市暴跌，万科 A 的股价也不断走低。其间该股股价经历了几次规模较大的波动，到 2017 年 5 月 9 日，该股收盘于 15.88 元。经过了 10 年的震荡洗礼，万科 A 的股价不但没有上涨，反倒出现了下跌。当然，在这 10 年间，该股股价也曾冲到过 2007 年股价翻番的点位，但很快又跌回来了。万科 A 的股价走势，几乎就是 A 股市场的真实写照。在很多时候，即使是绩优股，其价格也会随着整个股市的暴涨暴跌而起起伏伏。因此，购入一只股票后仅长期持有是远远不够的，这也未必符合价值投资的精髓。

第一节　价值投资的基本逻辑

价值投资倾向于长线持股，但也不是任何时候买入然后长线持股就可以的。投资者需要根据对标的股票的内在价值进行评估，然后结合价格走势，确认手中的股票是否具有投资价值。

一、内在价值、价格与投资价值

投资者在进行价值投资前，需要搞清楚三个基本概念，即股票的内在价值、价格和投资价值。

1. 内在价值

前面介绍过，股票的内在价值是价值投资理论的核心，也是进行价值投资的基础，它包括资产、盈利等诸多要素。测算内在价值的方法不同，内在价值涉及的对象也会有所区别。总之，股票的内在价值就是一只股票本身所蕴含的价值，用通俗的话来说，就是一件商品最接近成本的价值。

由于计算方法不同，用途不同，每个人可能会得出不同的价格。我们暂且以最原始、最接近本身的价值作为企业内在价值。比如，有一家上市公司叫买入必涨，它的股票简称为买入必涨。我们通过一系列计算，得出该公司股票的内在价值为 10 元（计算方法可能有很多种，后面会介绍），那么，这个 10 元就是它的内在价值，也是我们进行投资分析的基准。

2. 价格

价格，这个概念比较容易理解，这里指股票的市场交易价格。每只股票在全天的交易过程中会形成 4 个特殊的价格：最高价、最低价、开盘价和收盘价。股票的交易价格是实时波动的，我们多选用某一交易日的收盘价来表示股票的价格。比如，前面所说的买入必涨股票股价在 2019 年 10 月 10 日收盘于 5.50 元，那么，这个 5.50 元就是该公司股票的价格。

3. 投资价值

投资价值是指某一资产对具有明确投资目标的特定投资者所具有的价值。也就是说，这个投资价值是与投资者关联在一起的，只有在特定的投资者眼中，这些资产才可能具有投资价值。比如，市场上销售的茅台酒，对于喜欢喝酒的人来说，买一些茅台酒自己饮用，根本谈不上什么投资价值。但若是专业酒类投资者买入茅台酒用于盈利，这些茅台酒对他们而言就有了投资价值，因为他们不是自己饮用，而是为了投资。

并不是所有具有投资价值的商品都可以投资，就像茅台酒，本身具有一定的投资价值，但若价格太高，也就没人愿意继续投资了。回到前面所说的买入必涨公司的股票上，投资者通过一系列计算，得出该股的内在价值为 10 元，市场交易价格仅为 5.50 元，那么，投资者就获得了 4.50 元，即 10 元 – 5.50 元的安全边际。这个安全边际是非常大的，也就是说，这家公司的股票是值得投资的。对于想要买入这家公司股票的投资者而言，该股的投资价值极大。反过来说，若该股当前的市场交易价格不是 5.50 元，而是 15.50 元，投资该股就没有任何安全边际可言了，也就是说，该股的投资价值不大。

二、价值投资的基本程序

基于前面对内在价值、价格和投资价值的介绍，大致可以梳理出价值投资的基本决策程序，如图 2-2 所示。

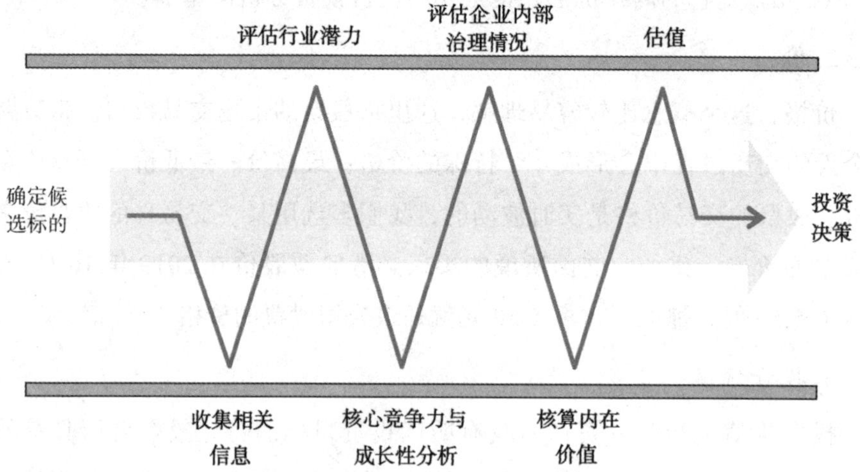

图 2–2 价值投资的基本程序

1. 确定候选标的

目前，A 股市场上有几千只股票，大多数股票其实并不具备价值投资的条件。真正能持续为投资者带来盈利的股票寥寥无几。同时，很多绩优股因为属于市场上的稀缺品种，被很多基金长期驻守，使得其价格已经远远高于内在价值了。因此，投资者要寻找适合价值投资的标的，往往属于那些股价并未出现大幅拉升或刚刚经历了一些变故，使得股价大幅走低的股票。

这些候选标的需要具备如下特征：其一，资产质量较高，即资产结构中净流动资产较高，应收账款、商誉等价值较低，品牌价值高的企业更好；其二，净利润增长率比较高，若复合增长率超过 15% 则更佳；其三，股价并未被资金大幅炒作过，或因某些突发情况导致股价大幅下跌，即股价相对比较低（当然，是不是真的低于内在价值，还需要仔细进行研判）。

2. 收集相关信息

一般情况下，投资者需要预先划定几只候选投资标的，然后开始搜集这些标的股的相关信息。这些信息应该包括但不限于以下几个类别。

第一，企业最近几年的财务报告数据信息，重点关注每股收益、营业总收入、扣非净利润、每股净资产、毛利率等。

现在的炒股软件已经替投资者完成了大部分财务报告数据的收集整理工作，在各种炒股软件中都有各只股票的财务指标。例如，投资者可以打开同花顺炒股软件，在股票页面按【F10】键调出相关资料，点击【财务概况】，即可查看该只股票历年或季度财务信息，如资产负债表、现金流量表、利润表以及比较重要的财务指标等，如图 2-3 所示。

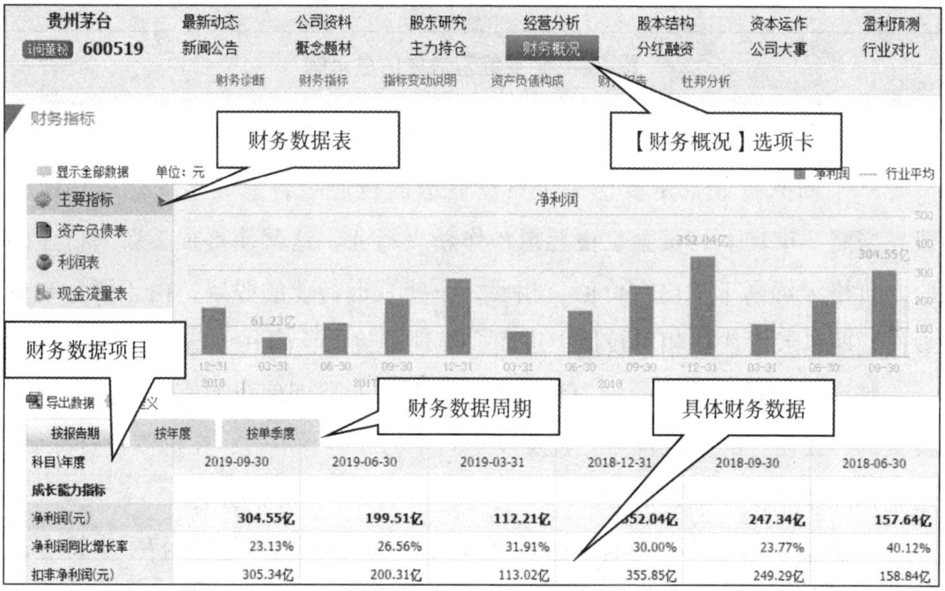

图 2-3　财务数据信息示例

第二，企业经营数据信息，包括最近几年的企业产品分类信息、各类产品的销售额占总收入的比重、各类产品的毛利率、国家或地区销售占比等。

投资者可以打开同花顺软件，在相关股票页面按【F10】键调出相关资料，点击【经营分析】，即可查看该只股票最近几期的主营结构数据信息、主要客户信息以及董事会经营评述信息等，如图 2-4 所示。

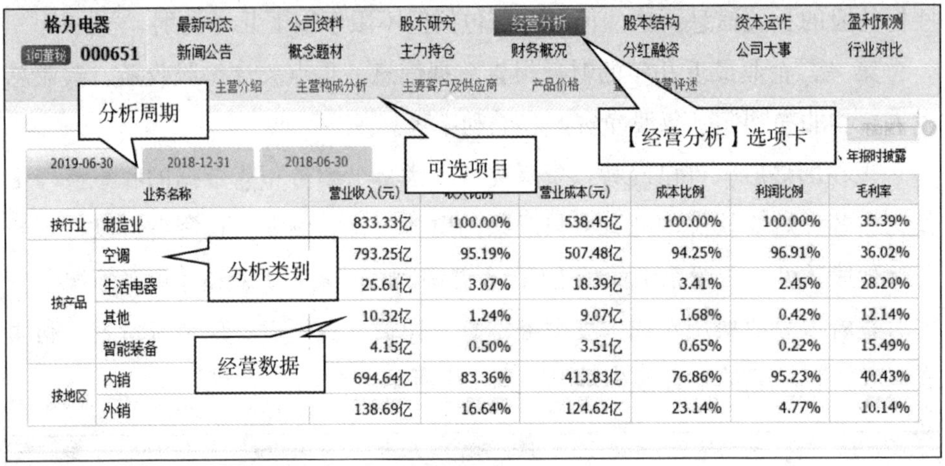

	业务名称	营业收入(元)	收入比例	营业成本(元)	成本比例	利润比例	毛利率
按行业	制造业	833.33亿	100.00%	538.45亿	100.00%	100.00%	35.39%
按产品	空调	793.25亿	95.19%	507.48亿	94.25%	96.91%	36.02%
	生活电器	25.61亿	3.07%	18.39亿	3.41%	2.45%	28.20%
	其他	10.32亿	1.24%	9.07亿	1.68%	0.42%	12.14%
	智能装备	4.15亿	0.50%	3.51亿	0.65%	0.22%	15.49%
按地区	内销	694.64亿	83.36%	413.83亿	76.86%	95.23%	40.43%
	外销	138.69亿	16.64%	124.62亿	23.14%	4.77%	10.14%

图 2-4 企业经营数据信息示例

3. 评估行业潜力

一个新兴行业肯定要比一个日渐衰退的行业更容易诞生绩优股和成长股。当然，市场上的资金也更愿意炒作新兴行业，这就使得很多新兴行业的股票价格远远高于其内在价值。相反，一些衰退行业的股票，由于资金缺少炒作话题，股价往往相对较低，进而会出现股价低于内在价值的情况。

按照一般成长股的投资逻辑，衰退行业的股票即使再便宜，也是不值得投资的，其便宜的价格自然有其发展空间小的原因。不过，在价值投资领域，这种情况还是要仔细权衡的。

即使是衰退行业，也有一些转型或技术革新的机会。巴菲特手中持有的可口可乐公司也并非朝阳产业，只要价格足够便宜，并且这只股票在这个行业中还具有垄断优势，那么还是可以考虑投资的。当然，投资者肯定不能买入那些近些年来肯定会被淘汰的行业股票，即使这些企业股票的价格极低。

4. 核心竞争力与成长性分析

投资者需要利用已经收集到的各类信息，对企业做出整体上的描述和评估，包括企业的核心产品，核心竞争优势，之前该股的净利润增长率如何，未来该股是否能够保持强劲的增长态势等。

一个企业的增长态势能否保持或者迎来上升拐点，往往与企业的核心竞争力有关。企业的成长性往往也与其所处的行业、在行业中的地位有密切的关系。若企业是行业内的垄断企业或龙头企业，其成长性必然要被高看。同时，若这个行业的发展潜力很大，天花板很高，则其成长性更佳。

5. 企业内部治理情况

对于普通投资者来说，要想全方位地了解一家企业的内部管理水平以及管理团队的实力，相对比较困难。在这方面，机构投资者往往具有较为明显的优势。通常情况下，我们所关注的企业内部治理情况包括但不限于以下几方面的信息。

第一，企业的股权结构信息。企业有无控股股东、明显的大股东以及股东结构；最近有无股权变动情况或相关隐患；有无管理层减持信息等。

第二，企业内部管理团队信息，包括管理团队是否稳定，最高管理者的个人领导能力强弱等。

第三，企业内部控制信息，包括企业运营控制、财务控制是否得力等。

6. 核算内在价值

该步骤是整个价值投资的核心环节。在格雷厄姆首创价值投资时，其核算的主要内容是企业资产的价值，特别是净流动资产价值。其后，在拉里·威廉姆斯的自由现金流贴现模型中，将自由现金流贴现价值提升到核心地位。当然，我们并不排除以后还会有更加精确的核算内在价值的方法出现。

7. 估值

在以前的价值投资理论体系中，估值就是内在价值核算的延续。不过，在实战中，笔者还是希望投资者在以内在价值核算为基础的前提下，充分考虑行业因素、内部治理因素、核心竞争力以及成长性因素，对企业估值进行适当调整。

8. 投资决策

估值完成后，投资决策就变得相对简单了。通常情况下，当股票的市场价格大幅低于股票的内在价值时，投资者可以建仓；反之，则不宜建仓。

在A股市场中，考虑到投资者不成熟和情绪化特点，最好不要在牛市的中后期建仓。牛市一旦结束，无论股票的价格是否低于内在价值，都会有一波下跌行情。相反，在熊市末期积极建仓则是一个不错的选择。其实，这也是巴菲特强调“在别人恐惧时我贪婪，在别人贪婪时我恐惧”的原因所在。

第二节 价值投资与牛市、熊市

对于投资者来说，始终存在这样一个疑问：通过一系列估值计算，判断某只股票的价格大幅低于内在价值，即安全边际较高，这时是不是应该立即建仓买入呢？实际上，考虑到A股市场的特征，投资者还是需要在评估股市的大势走向后再做决定。

一、股市波动与价格、价值的背离

股票价格尽管与自身内在价值存在一定的关系，但终归要在市场上交易，价格会受到人们情绪波动的影响。

1. 股市大盘波动的影响

按照一般的理解，只要股价低于内在价值，买入股票肯定没有问题，更何况随着经济的发展，股市的运行趋势肯定是向上的。大家常说：股市是经济的晴雨表。那么，随着国民经济的增长，股市肯定也会向上。

我们先来看一下美国道琼斯工业指数近30年的走势情况，如图2-5所示。

图2-5所示为美国道琼斯工业指数的日K线走势图。从图中可以看出，在过去的30年内，道琼斯工业指数上涨了近10倍，而且在1990年到2000年底，该指数上升了3倍有余。不过，其后的10年时间，由于网络泡沫破

裂，整个股市下挫，展开了一波幅度较大的调整，道琼斯工业指数几乎在原地踏步。2010 年以后，道琼斯工业指数又迎来新一轮上涨行情，该指数从 10 000 点左右上涨，最高上涨至 28 000 点附近。

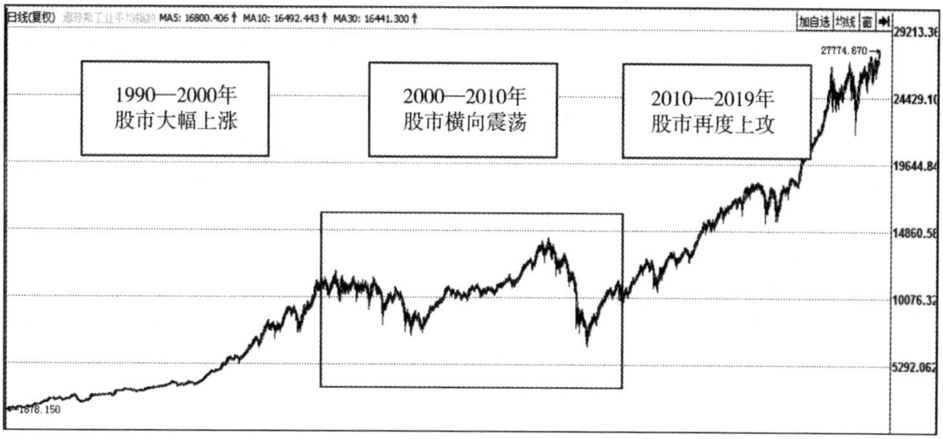

图 2–5 美国道琼斯指数日 K 线走势图

通过道琼斯工业指数的走势，可以得出两条简单的结论：其一，从整体上来看，道琼斯工业指数在过去 30 年的时间里一直保持了上涨趋势；其二，若以每 10 年为一个周期计，即使是 30 年上涨 10 倍的道琼斯工业指数，也有 10 年时间在原地踏步。也就是说，投资者要是买入了跟踪道琼斯工业指数的基金，那么在 30 年的时间里，只需坚定持有就可以坐等资产翻 10 倍。当然，若定力不足，加之正好在 2001 年之前买入，那么，就可能在接下来的 10 年里下车，毕竟 10 年期间指数原地踏步，这不是一句价值投资就可以让人解脱的。

下面再来看一下 A 股的走势，如图 2-6 所示。

截至 2019 年 11 月中旬，上证指数的点位仍在 3 000 点左右徘徊。单从数据来看，我国股市起步时上证指数的初始值仅为 100 点，到了 3 000 点的位置，相当于指数翻了 30 倍。然而，回过头看股市起步那段时间的走势就会发现，由于当时股票还是一种稀缺商品，上市交易的公司很少（只有 8 家），因此，股票指数上涨的势头非常猛。自 1990 年年底上证指数设置为 100 点，到 1992 年年初指数就已经达到了 1 200 点。其后，在 2000 年年底的时候，指数达到了 2 000 点左右的水平。

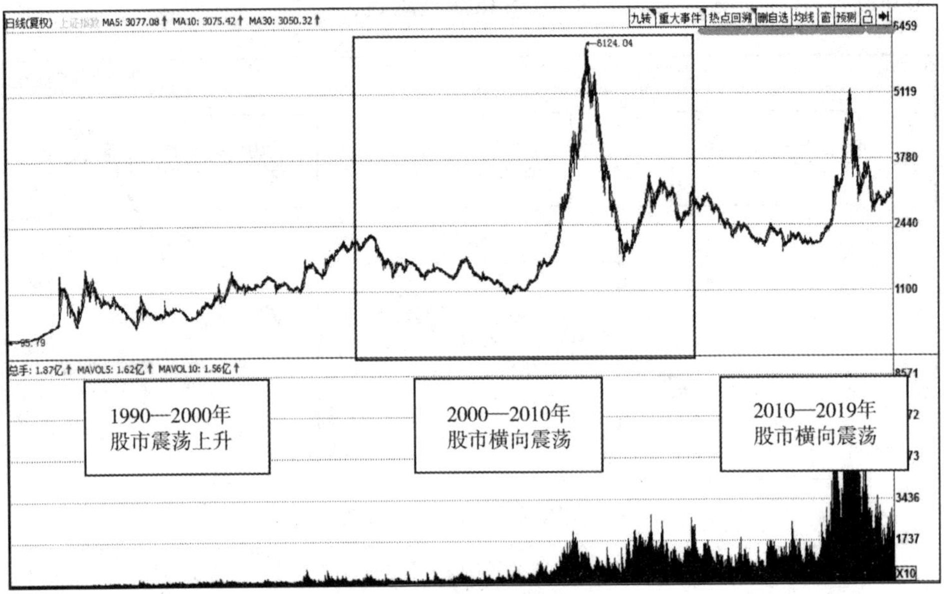

图 2–6 上证指数日 K 线走势图

接下来的 10 年间，股市经历了大起大落，指数最高点位曾经达到过 6 124 点。然而，2007 年的那一波大牛市终究如一场梦一样消失了，到了 2010 年年底的时候，上证指数回调到 2 900 点左右的水平。也就是说，在 10 年的时间里，上证指数约上涨了 45%。

接下来的 10 年，又是一个让股民从大喜到大悲的过程。2015 年的牛市虽然没有 2007 年创出的指数点位高，但很多投资者借助杠杆投机，在股市快速下跌的影响下，最终血本无归。到了 2019 年年底的时候，上证指数仍然在 3 000 点附近盘整。相当于 10 年内，上证指数几乎是在原地踏步。

通过上证指数的走势可以得出两条简单的结论：其一，从整体上来看，上证指数除了最初几年上升势头较猛外，其余时间总会陷入大牛市到大熊市的循环中；其二，若以每 10 年为一个周期计，除了最初的 10 年外，其他时间大盘指数几乎没怎么上涨过。

将大盘指数比作一只股票的话，如果将其作为价值投资的标的，无疑会让人陷入疯狂，毕竟将近 20 年处于滞涨状态，任何投资者对此都不可能无动于衷。

当然，即使最后 20 年大盘指数没有上涨，其实还是有很多个股不停地创出新高，如大家熟悉的贵州茅台、格力电器、万科 A 等。这也是笔者写作本书的主要目的，即帮助投资者寻找具有高度投资价值的股票。不过，鉴于 A 股市场的特点，笔者并不建议投资者持股 20 年或 30 年不变，而是要动态调整仓位与股票，这一点后面还会详细介绍。

2. 价格与价值的背离

通过美股和A股大盘指数的历史走势对比分析，可以得出以下几个结论：其一，与美股相比，A 股市场成立的时间较晚，股市发展还不成熟，经常存在暴涨暴跌行情，这就使得普通投资者很难从长线持股中获利（个别股票除外），而美股投资者通过长线持股更容易持续获利；其二，A 股投资者以散户为主，这与国外以机构投资者为主的交易者群体不同。由于散户缺乏必要的投资知识，交易行为更容易情绪化，使得股价经常脱离其内在价值。

以 2015 年的大牛市为例。如图 2-7 所示，上证指数自 2014 年 7 月下旬启动了一轮波澜壮阔的大牛市。在不到一年的时间里，上证指数翻了两倍多，从不到 2 100 点的位置上涨至 5 178.19 点。

在这一轮牛市行情中，很多个股都翻了十几倍。这个时候，若从价值投资的角度看待股价与内在价值的关系就会发现：2014 年 7 月下旬之前，很多具有投资价值的股票，其价格低于内在价值；到了 2015 年 6 月中旬，上证指数到达高点时，股价又远远高于其内在价值。这个时候，投资者若还坚持长线持股不动的话，很多收益都将在其后的下跌过程中归零。总之，在 A 股市场上进行价值投资，还要综合考虑大盘的运行态势。

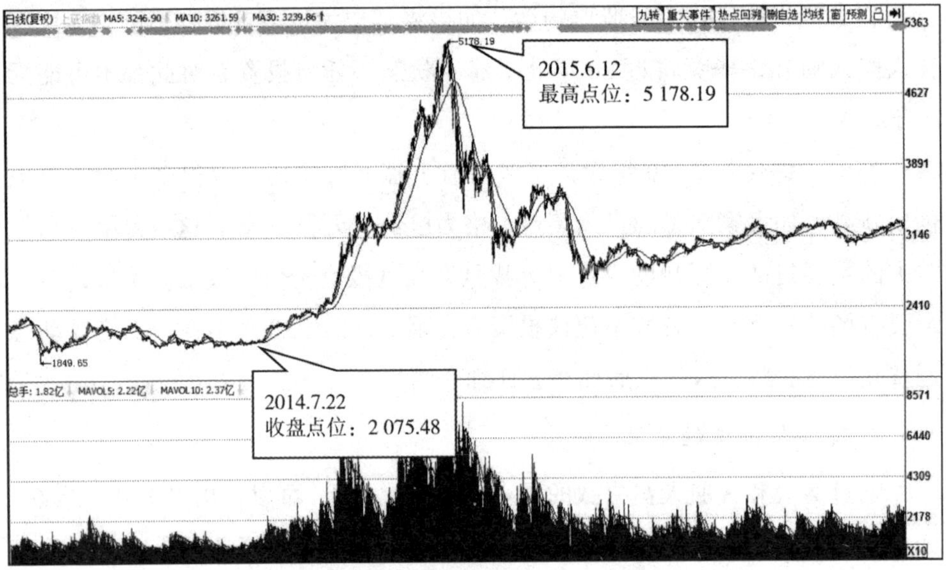

图 2-7 上证指数日 K 线走势图

二、价值投资的入场与离场

按照价值投资理论的要求，入场与离场也有着明确的条件。当一家优质企业的股价较低时，便可入场建仓；反之，当股价上涨至较高的位置，且已经远远超出其内在价值时，就可以离场了。

通过前面对股市波动的介绍，可以大致确定几个比较典型的入场和离场时机，供读者参考。

1. 最佳入场时机

相比之下，在大盘指数处于暴跌后的底部区域或横向震荡趋势时，投资者借助价值投资理论进行选股操作，更容易获得成功。也就是说，即使自己所选的股票拥有极佳的安全边际，但也不应该在股市大盘连续大幅上攻之后介入。通常情况下，最佳的入场时机包括以下几个。

第一，大盘暴跌进入底部区域后，很多绩优白马股会因为被错杀而出现股价与内在价值的背离，甚至股价远远低于内在价值。由于市场上的白马股通常为稀缺品种，因而在股市暴跌时，才是入场建仓白马股的最佳时机。

第二，大盘处于横向震荡趋势时，投资者若发现股价远低于内在价值，可以直接买入股票。当然，若个股出现“黑天鹅”事件，但不会危及上市公司未来的长期盈利能力，则可趁机买入建仓。其实，大多数白马股“黑天鹅”事件的影响都属于短期性质，很难在根本上改变股价长期运行的态势，因此，这时往往是买入股票的最佳时机。

2. 最佳离场时机

相对于入场时机，离场时机更加难以把握。就如费雪所说，如果一只股票的增长逻辑没有改变，那就不应该卖出，也就不应该离场。然而，看看中国股市 30 年的历史走势就会发现，很多股票的股价如同过山车一样，有过高点，接下来又会回到低点，周而复始。我国股市并没有像美国道琼斯指数那样通过不断抬升低点而上升，因此，即使增长逻辑没变，还是应该在股价来到高点时暂时退出，之后再找时机重新介入。

通常情况下，离场时机包括如下几个。

第一，在大盘暴涨的推动下，股票价格已经远远高于其内在价值。此时继续持有该股，很可能会与大盘同时陷入暴跌的走势中。为了实现投资收益最大化，投资者应该暂时离场。

第二，股市处于筑底或震荡趋势中，股票价格受某些利好消息的刺激出现了大幅上涨走势，致使股价高于内在价值。此时投资者可考虑部分离场的方法，即减仓 1/3 到 1/2，待股价回落后再接回。

其实，就连一直倡导长期持股的巴菲特，也不是无论何种行情都持有股票。20 世纪 60 年代后期，美国股市出现了一波长牛走势，市场上的股票价格持续走高，这让巴菲特感到非常恐慌，因为他已经找不到价格公道且有增长潜力的股票。巴菲特甚至于 1969 年关闭了合伙投资的公司，承认自己这种勤勤恳恳地通过市场调查选股的方式，已经不适应充斥短线投机的市场了。他在给合伙人的信中写道：“这场游戏的参与者都在自欺欺人，无所顾忌地炒高股价，创造了大量泡沫。”也就是说，巴菲特难以接受市场上价格高得离谱的股价。

其后的市场走势证明了巴菲特的英明。20 世纪 70 年代初期，美国股市迎来一波大熊市，这是继 1929 年美国经济危机后最严重的一次股市大萧条。

第三章

未来价值——核心竞争优势

价值投资者所需寻找的投资标的，肯定是在未来数年内有能力保持强劲增长的企业，这些企业都具有一个共同的内核，即核心竞争优势。具有显著竞争优势的企业，是指那些在过去建立起来的、能够显著地与其他同类企业进行区分的某种竞争优势。这种竞争优势必须是其他企业不具备的，也不可能与之比拟的。

第一节 核心竞争优势的类别

具有核心竞争优势的企业，就是通常所说的具有特许经营权的企业。拥有这种竞争优势的企业，相当于掌握了非对称打击力量，在与竞争对手的竞争中可以轻松获胜。这种竞争优势可以是某种技术、品牌或某种产品配方等。

通常所说的核心竞争优势主要包括如下几类，如图 3-1 所示。

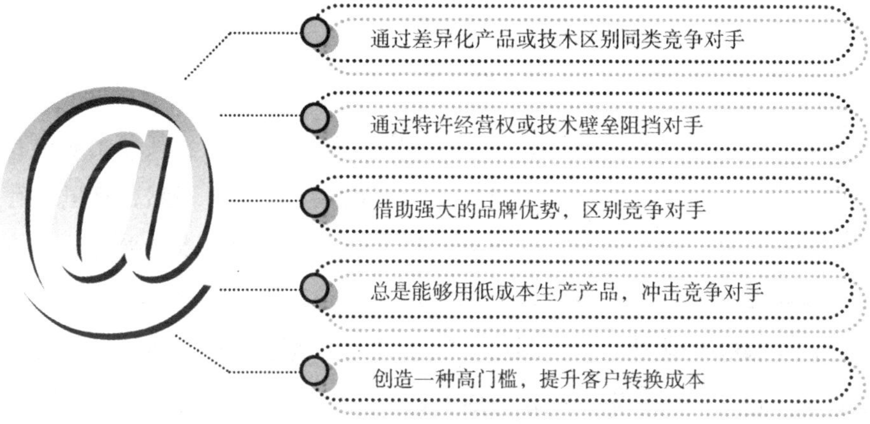

图 3–1 核心竞争优势的种类

一、拥有高技术壁垒

拥有高技术壁垒的企业是指通过掌握较为尖端而其他企业没有掌握的技术的企业。这些尖端技术是其他企业无法掌握或者短期内无法掌握的。

1. 技术壁垒的类别

拥有高技术壁垒的企业包括如下几类。

第一，独家掌握某种核心技术。企业掌握的技术是其他企业没有掌握或者短期内无法突破的技术，这类企业拥有最强的技术壁垒。在其他企业突破这项技术前，拥有高科技壁垒的企业将会独享这类技术带给自己的巨大收益。

第二，是几家拥有核心技术企业中的一员。这类企业在A股市场中比较多，投资者需要识别该企业在这几家企业中的技术实力情况以及竞争对手、客户应用该技术的情况。若其他企业都属于国外企业，只有这家企业是国内企业，那么，它将很容易独享该技术在国内市场带来的收益。

第三，众多拥有某项核心技术企业中的一家。对于这类企业而言，高技术壁垒的作用并不明显。企业要想获得更多的利益，必须不断扩展市场，与竞争对手周旋，方可赢得市场，赢得客户。也就是说，这类企业具有的竞争优势只是一种相对优势，并非绝对优势。

2. 识别高技术壁垒的要点

第一，壁垒的厚度。

技术之所以能够称为壁垒，是由于别人不容易攻克。若其他企业很容易就可以攻克这一技术，那么这个壁垒的意义也就不大了。当然，这里还有一些专利和知识产权保护的因素，也就是说，企业在构建技术壁垒时，必然要依托专利和知识产权保护来加厚壁垒。不过，专利和知识产权保护都是有时间限制的，投资者在分析投资标的掌握的技术专利以及核心技术壁垒时，需要重点考虑这些专利、知识产权还能发挥作用的时间。

第二，壁垒能够带来的利益。

并不是所有壁垒都能为企业带来巨额利润，只有那些经济价值较高的技术壁垒，才会为企业赢得竞争，赢得利润。同时，投资者在选择成长股时，还需要识别这些技术壁垒所能带来的收益是在当下的还是预期的。若是预期的，那么需要考虑兑现时间。通常情况下，只有在短期内能够兑现的收益才是比较真实的。

需要提醒的是，在股市中，很多短线资金都热衷于炒作预期概念。在概念未兑现时，往往会被轮番炒作，股价暴涨；概念兑现时，这些资金就提前退场了。投资者选择价值投资标的时，往往都是立足于长线持股的，要尽量避免落入短线炒作资金的圈套中。

第三，技术的可替代性。

没有永不过时的技术。目前，第四次工业革命刚刚启动，许多行业都可能面临革命性变革。很多在今天看来属于非常前沿的技术，明天就有可能被淘汰。投资者选择成长股时，要考虑这些企业掌握的核心技术有无被替代的可能。

下面来看一下万华化学的案例。

万华化学集团是世界上掌握生产异氰酸酯（MDI）核心技术的 6 家企业之一，国内唯一能生产 MDI 的企业。技术壁垒确立了企业在 MDI 市场上的垄断地位，万华化学 MDI 国内市场占有率为 30%。万华化学最近几年的净资产收益率平均值在 20% 以上，特别是 2017 年，更是超过了 50%，说明该公司的经营情况良好。下面来看万华化学的日 K 线走势图，如图 3-2 所示。

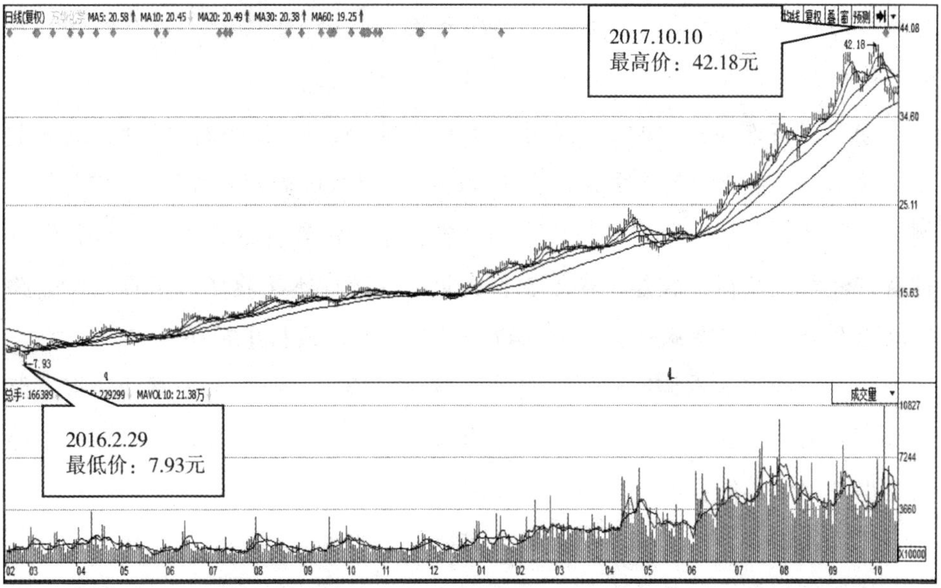

图 3–2　万华化学（600309）日 K 线走势图

从图 3-2 中可以看出，万华化学的股价自 2016 年 2 月底的 7.93 元启动上涨，到2017年10月10日达到了42.18元的高位，股价一年多的时间翻了5倍。由此可见，市场上具有高度成长性的股票是非常容易受到资金青睐的。

二、拥有特许经营权

关于特许经营权，巴菲特在1991年致股东的信中给出了清晰的定义："拥有市场特许经营权的产品和服务具有以下特质：①它被人们需要或渴求；②被消费者认为找不到其他替代品；③不受价格管控的约束。企业特许经营权是否具有以上三个特质，可以从企业能否定期且自由地对其产品与服务定价，从而赚取较高的资本回报上看出来。此外，特许经营事业能够容忍不当的管理，低能的经理人尽管会降低特许经营事业的获利能力，但不会对其造成致命的伤害。"在A股市场上，拥有国家级绝密配方的云南白药、片仔癀，无疑都属于拥有特许经营权的典型。

特许经营权通常情况下都能给企业带来巨大利润，不过，并不是每个拥有特许经营权的企业，其股价都会不断走高。投资者还需要关注以下几点。

第一，特许经营权的可持续期。有些特许经营权可能会一直存在，而有些特许经营权则存在一定的期限。这就如同专利保护期一样，一旦企业拥有的特许经营权到期，那么，企业的高回报将无法持续。

第二，特许经营权的价值大小。有些企业的特许经营权能够获得的收益相对较小，而企业的支出很大，这种特许经营权对投资者而言就要大打折扣。例如，很多经营高速公路的上市公司，理论上拥有较佳的特许经营权，但这种特许经营权获得的收益不得不支付大量的人工成本（收费员工资）、公路贷款以及公路养护费用等，这就为特许经营权的价值打了折扣。

第三，内部成本控制水平。特许经营权可以为企业带来丰厚的回报，但企业利润的形成除了收入项目外，还有成本与支出项目。若企业内部成本控制做得不到位，仍有可能出现手握特许经营权却连年效益不佳的情况。

下面来看一下中国国旅的股价走势情况，如图3-3所示。

中国国旅握有免税店全国经营牌照（真正的特许经营权），全国所有机场的免税店都由中国国旅经营。在中国国旅营收构成中，免税店销售收入是其最核心、最重要的收入，也是最大的利润来源。随着人们生活水平的提高，消费能力和旅游人员都在逐渐增加，而国内免税店的数量和营业额与国外相比仍有很大的差距。未来，中国免税店还将有一段时间较长的发展期，而中国国旅将成为最大的受益者。

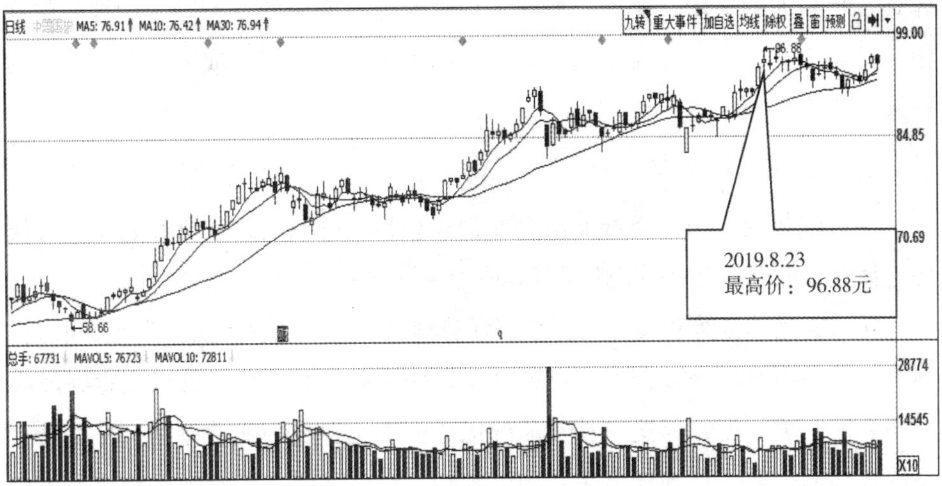

图 3-3 中国国旅（601888）日 K 线走势图

如图 3-3 所示，中国国旅的股价在 2019 年年初随着大盘指数的企稳反弹而出现了震荡上扬走势。随后，大盘出现了一波调整走势，不过，中国国旅只是横向调整一段时间，之后重新开始上攻，牛股风范尽显。

三、强大的品牌优势

品牌优势是企业诸多竞争优势中重要的一种。强势品牌可以轻松占领消费者的心智资源，当消费者购买商品时，这些强势品牌理所当然地成为首选。例如，当你想要买高档白酒时，自然会想到茅台、五粮液等品牌；购买家用电器，可能会想到海尔、格力等品牌。一家企业若能在某一细分领域建立强大的品牌优势，则会收获丰厚的超额利润。

1. 品牌优势的类别

拥有品牌优势的企业包括以下几类。

第一，通过历史传承获得的老品牌。这类品牌的价值是难以估量的，因为它们都是经过历史检验的。这些品牌给企业带来的收益也是无法估算的，如同仁堂、云南白药、贵州茅台等中华老字号品牌。

第二，通过自身努力逐渐建设起来的品牌。这类品牌是随着企业生产产品以及服务质量的提升逐渐在消费者心目中建立起来的，当然，广告宣传也起到了相当大的作用，例如，海尔的白色家电、格力的空调等。这种品牌优势一旦建立，将会很容易地从众多竞争品牌中脱颖而出，成为消费者购物的首选。

2. 品牌优势的分析要点

品牌优势通常情况下都能给企业带来相当大的利润，投资者利用品牌优势选择成长股时，还要注意以下几点。

第一，品牌强势程度。只有品牌强势程度高，才能赢得更多的超额收益。其实，几乎所有的企业都有自己的品牌，而且有些企业的品牌确实存在较高的知名度和美誉度，但这与具有品牌优势的企业存在明显的差别。这些具有品牌优势的企业，单纯凭借品牌即可赚钱。也就是说，消费者见到该品牌会无条件地接受。

第二，品牌的维护情况。具有品牌优势的企业，就如同一个有良好信誉的个人，个人的行为举止都可能会为自己的信誉加分或减分。企业也一样，若企业对自己的品牌保护不力，甚至为了短期利益对品牌不加限制地滥用或授权给其他组织使用，都可能削弱品牌的价值。也就是说，投资者在选择企业时，不仅要看一个企业是不是具有品牌优势，还要看其品牌维护与保护情况。

第三，内部成本控制水平。与具有其他优势的企业相同，具有品牌优势的企业也需要注意企业的内部控制。若企业内部成本控制做得不到位，仍有可能出现手握品牌优势却连年效益不佳的情况。

下面来看一下贵州茅台的案例。

贵州茅台酒股份有限公司是一家主要经营贵州茅台酒系列产品的公司。该公司的贵州茅台酒系列产品，在市场上享有很高的声誉。其生产的茅台酒被称为世界三大名酒之一，拥有很高的品牌知名度和美誉度。该企业的产品属于稀缺型消费品，对下游经销商具有很强的议价能力，而且经常出现供不应求的情况。基于强大的品牌优势，该公司的经营效益极佳，净资产收益率连年走高，销售毛利率能够达到 90%。可以预见，未来该股仍具有较佳的成长性。该股的日 K 线走势如图 3-4 所示。

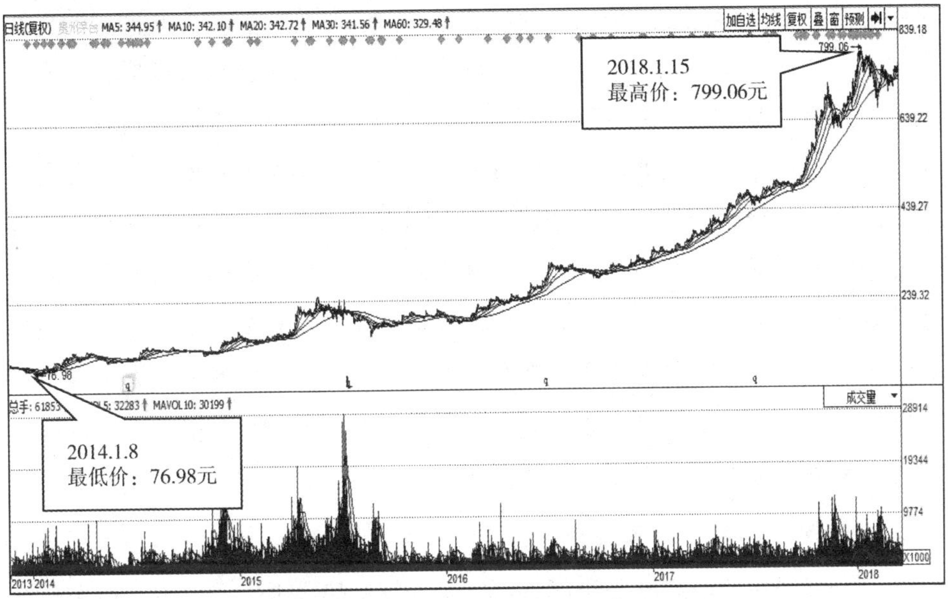

图 3-4 贵州茅台（600519）日 K 线走势图

从图 3-4 中可以看出，贵州茅台的股价自 2014 年 1 月初的 76.98 元（复权价）启动上涨，2018 年 1 月 15 日到达了 799.06 元的高位，股价翻了近 10 倍。由此可见，市场上具有高度成长性的股票是非常容易受到资金青睐的。

四、低成本提供优质产品

低成本策略也称成本领先策略，是指用比竞争对手低很多的价格向客户提供产品或服务，以获取相应的竞争优势。相比之前的几种竞争策略，低成本策略存在的风险较大，很容易使自身陷入亏损的边缘。

1. 低成本策略的类别

企业获得的低成本优势主要源于以下几类。

第一，因企业经济结构原因形成的低成本优势。当一家企业所处的位置更接近原料产地或消费市场，就能更容易获得低成本优势；当企业的生产规模、生产技术远远超过竞争对手，也能更容易获得低成本优势；同样，拥有雄厚的技术储备和生产经验，也相对容易获得竞争优势。企业若能借助机器人等设备替代人力资源，也会促成生产成本下降，这一点很可能成为未来企业提升竞争力的一个显著趋势。

第二，因企业运营原因形成的低成本优势。这类企业的低成本优势主要源于企业内部控制制度、质量管理、员工训练等方面。也就是说，企业通过内部控制能够降低生产成本，通过提升产品质量，降低废品以及不合格品，能够降低生产损耗，促进企业效益的提升。同时，拥有高水平、高素质的员工队伍，也有利于企业降低产品生产成本，当然，这也要考虑工人工资与福利等因素。格兰仕是低成本竞争的一个典型企业，多年来，格兰仕通过低成本竞争策略，淘汰了一波又一波竞争对手。

2. 低成本策略的分析要点

生产同样一件产品，若能用比竞争对手更低的成本生产出来，那么无疑会赢得更大的市场，并确立自己在市场竞争中的地位。低成本策略的分析要点包括如下内容。

第一，探寻形成低成本优势的原因是否容易被人模仿，甚至被超越。前面介绍过企业建立低成本优势的方法，有些方法其他竞争对手也可以模仿，甚至能够做得更好，因此，我们要重点分析企业中有哪些不容易被模仿或超越的优势。

第二，低成本促成的优势到底有多大，随着市场竞争的加剧，是否能够保证企业的利润超越竞争对手。通常情况下，生产企业中，若净利润率能够超越竞争对手 5 个百分点，就已经非常了不起了，毕竟这类企业通常都是有规模效应的。

第三，低成本优势更需要规模效应的支撑才能放大，成为真正的核心竞争优势。大量代工厂，特别是电子产品代工企业，需要具备的核心竞争优势恰恰是这种低成本优势。比如 A 股市场上的工业富联、光弘科技等。当这些企业的成本优势足够明显且技术成熟和稳定后，相对更容易拿到一流电子产品企业的订单，从而将竞争优势转化为实实在在的利润。一般来说，代工厂的规模优势是降低成本的一个非常有效的途径，而且企业一旦具有了规模优势，就很难被其他对手超越。

光弘科技是一家典型的电子产品代工企业，靠着不断扩大规模，不断提升技术水平，使其毛利率一直维持在较高的水平。光弘科技的日 K 线走势如图 3-5 所示。

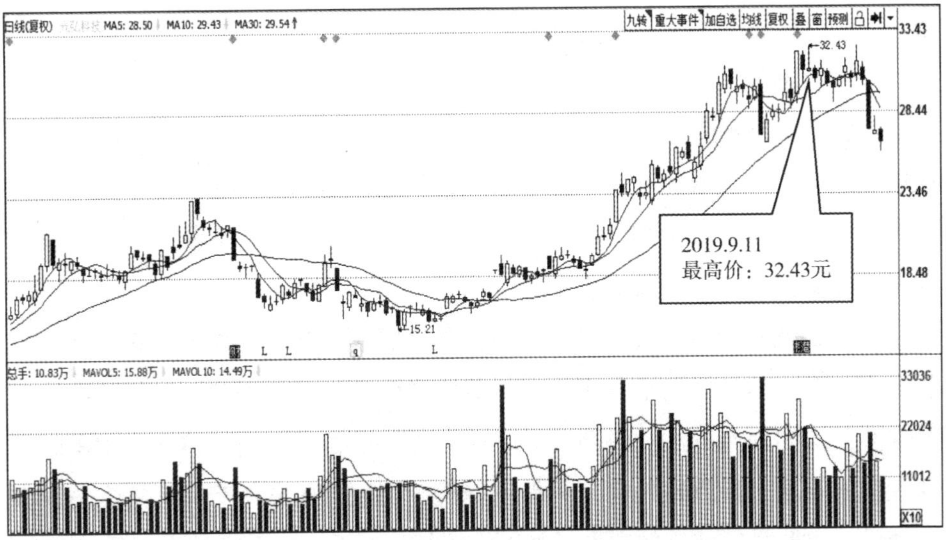

图 3-5　光弘科技（300735）日 K 线走势图

光弘科技的股价自 2019 年上半年随着大盘的震荡而出现了剧烈波动。该股股价在触及 15.21 元的低位后开始震荡上升，2019 年 9 月 11 日最高价达到 32.43 元。

作为一家典型的代工企业，其客户主要是华为、中兴等企业，该公司的前五大客户占总营收的 75.44%，其中第一大客户占总营收的 20.84%。

五、高转换成本锁定客户

高转换成本，是指客户放弃原有的供应商去选择新的供应商，从而需要支付较高的成本。这种成本既包括金钱成本，也可能包含一些时间成本或其他成本。当客户转换商品所需支付的成本较高时，客户往往就会放弃这种努力。其实，国内有很多产品或服务企业是通过这种方式锁定客户的，比如最常见的物业服务公司。从理论上说，业主通过组织业主委员会，可以选择或更换物业公司，然而在实际操作过程中，更换物业服务公司的程序十分复杂，成本极高，还不一定能够成功。正因如此，大部分情况下，业主都不会更换物业服务公司，这些公司通常都是开发商下属的物业公司或由开发商选择的。

1. 高转换成本策略的类别

企业获得高转换成本优势主要有以下几类。

第一，通过某些特殊渠道直接锁定客户后，客户更换供应商成本很高，使很多客户不得不继续使用原供应商产品，比如前面提及的物业服务。其实，在很多电子产品领域也存在这样的情况，例如，当客户以较低的价格获得某一终端产品后，不得不继续花钱购买后续服务，通信服务商和手机厂商合作推出的各类套餐服务就属于这类产品。

第二，通过销售系统化的产品与服务绑定终端客户。例如，很多销售设备的企业会为客户提供设备操作人员的培训服务。经培训的人员能够熟练掌握这些设备的使用方法和技巧后，企业再更换设备供应商，将会面临重新培训人员的问题，导致这些客户不得不继续使用原供应商的产品。这类情况在特种设备或器材领域比较常见，如医疗器械领域、机床等高端设备领域。

2. 高转换成本策略的分析要点

通过提升转换成本来锁定客户的方法，需要注意以下几点。

第一，锁定客户并不是最终目的，源源不断地获得利润才是关键。前面所说的物业公司，往往很难获得核心竞争优势，原因在于其不能利用锁定客户的优势源源不断地获得利润。在医疗器械领域则不同，很多医院完成相关医疗器材的采购后，往往会继续向原供应商采购器械，这就使得高市场占有率的医疗器材企业更容易扩大市场占有率，进而源源不断地获得收益。

第二，随着时间的推进和技术的进步，客户转换供应商所需支付的成本是否会逐渐降低，这也是投资者需要关注的一个问题。一旦转换成本降低，且客户对原有供应商不满意，很可能在某一临界点爆发转移供应商的高潮。比如通信行业中的携号转网业务，很可能会对通信运营商造成一定的冲击。

下面来看凯利泰的股价走势情况。

上海凯利泰医疗科技股份有限公司主要从事椎体成形微创介入手术系统的研发、生产和销售，产品主要用于骨质疏松导致的椎体压缩性骨折临床微创手术治疗，具体包括经皮椎体成形（PVP）手术系统和经皮球囊扩张椎体后凸成形（PKP）手术系统。凯利泰为了推广自己的临床微创手术系统，必须对相关医院的医生进行培训，这就增加了这些医院弃购凯利泰的产品、转而购买其他企业相似产品的可能，毕竟这种转换成本相对较高。

如图 3-6 所示，凯利泰的股价在 2019 年随大盘的涨跌出现了一波震荡走势，股价触底后震荡反弹向上。该股股价在 2019 年 7 月 19 日来到了 10.43 元的位置。目前，该股股价存在一定的低估，未来股价有继续走高的可能。

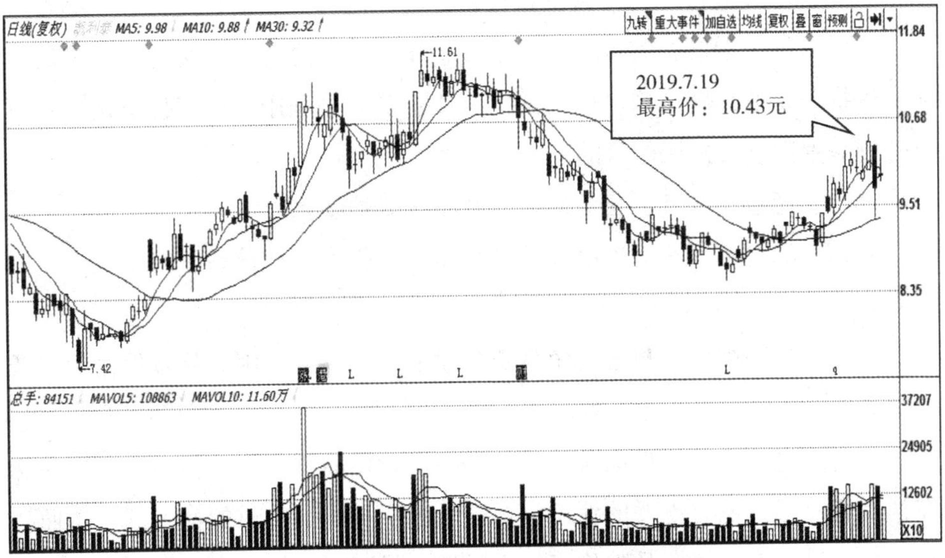

图 3-6 凯利泰（300326）日 K 线走势图

第二节 优势可持续性及消失

企业拥有的核心竞争优势到底能持续多久，是投资者需要关注的另外一个问题，也是对企业股票估值时的一个重要参考因素。

一、品牌价值的持续

以品牌为基础构筑的核心竞争优势，后期需要企业不断地通过战略、营销以及相关的社会活动继续维护品牌价值。通常情况下，能够用品牌构筑核心竞争力的企业品牌，都已经具有较高的知名度和美誉度，因此，未来品牌价值继续增值的方式包括如下几种。

第一，通过清晰而明确的品牌战略，不断强化和提升企业品牌的价值，树立企业品牌在消费者心目中的美誉度和知名度。

第二，持续进行广告与营销宣传，让更多的客户或消费者了解品牌和产品。这不仅仅包括广告宣传活动，很多企业还可能通过一些文化或学术活动来实现推荐企业品牌或产品的目的。有些企业只是利用一些事件营销，就可以达到品牌影响力扩展的目的。

第三，通过参与社会公益活动提升品牌美誉度。

第四，通过不断提升产品品质和质量，增强客户或消费者对企业产品的信心。

当然，以品牌作为核心竞争优势的企业，也可能会因为品牌价值的降低或消失而使核心竞争优势瓦解。

第一，过分注重短期品牌价值，牺牲了长期品牌价值。很多老字号品牌在消费者心目中占有重要的地位，这些品牌本身就是品质的代名词。然而，有的企业过分追求短期品牌价值，不断地将品牌授权给很多企业使用，这些企业在获取品牌租借费用的同时，并未对贴牌产品的品质进行严格把关，致使品牌原有的价值不断被蚕食，最终导致品牌价值瓦解。

第二，因企业战略失误或企业产品跟不上消费者需求的变化，致使消费者不再青睐该品牌的产品，使品牌影响力逐渐降低，甚至退出市场。

第三，因某些“黑天鹅”事件，直接导致品牌价值体系崩塌或消失。在食品或医药领域，极容易出现这种情况。无论品牌价值多么高，食品、药品只要是在安全方面出现问题，所有的品牌价值都可能归零。

第四，因不当竞争或其他原因导致企业产品或品牌被消费者放弃，进而造成品牌价值减损。比如，在医药和食品领域，某些别有用心的人散布一些谣言，可能促使消费者放弃购买相关企业的产品，并导致相关企业品牌价值减损。

二、技术或产品的可替代性

以技术或产品构筑核心竞争力，其他企业也只能通过新的产品或技术替代来攻克“护城河”。企业所处的行业不同，技术或产品的替代周期可能也会有所不同。

第一，在科技领域，新产品或新技术的替代周期非常短。也就是说，当一个新产品或新技术上市后，握有核心技术的企业就可能构筑强大的核心竞争力，进而赢得行业内的大部分利润。然而，一个新的产品或技术问世后，原有行业内的企业所具有的技术优势将不复存在，那么，这种竞争优势就会随之消失。这正是人们常说的：过去的成功经历，可能成为未来的绊脚石。

回顾科技行业的发展历史可以发现，很多在前一天还拥有强大技术或产品优势的企业，在后一天就被新的技术或产品替代了。因此，身处科技行业的企业，不能仅凭眼前的技术或产品构筑的竞争优势就停滞不前，而要不断地通过对技术和研发方面的投入，抢占未来的科技制高点，只有这样才能确保自己不被替代。正因如此，我们在分析科技行业的企业时，经常将研发费用投入作为重要研究内容。高额的研发投入并不一定能确保企业的技术领先，但较小的研发投入肯定换不来巨大的研发成果。

第二，在常规产品或消费品领域，新产品或技术的替代可能是一个逐渐更替的过程。在这一过程中，原有的拥有强大技术或产品竞争力的企业，往往拥有充足的时间来适应这种新产品或新技术的更替，这些企业也可以通过跟进研发新产品或新技术来确保自己的行业地位。同时，由于这些企业拥有较强的资金和技术实力，加之有强大的销售渠道，因而更容易适应这种变化。当然，若企业拒绝改变或消费者拒绝改变，则是另一回事。

总之，以产品或技术为核心塑造竞争力，必须时刻关注科技或市场领域内的发展情况，一旦技术或产品出现新的动向，企业必须能够及时适应这种变化，否则就可能被淘汰出局。

三、行业或企业经营问题

一家企业无论有多强的竞争能力，终归还是要靠企业自身的经营管理将这种优势转化为胜势，并取得利润。若行业出现衰退迹象，或企业内部经营管理出现问题，都可能给企业带来毁灭性的打击，企业的这些所谓的核心竞争优势也将荡然无存。

在这方面，投资者需要关注如下几个问题。

第一，仔细研判行业所处的生命周期。尽管我们不需要全部选择快速成长期的企业，但至少也不能选择衰退期的企业。当然，同时处于衰退期的行业，企业不同的衰退速度也会有所区别，有的企业衰退期可能会长一些，有的则短一些，还有的企业可能会在衰退期间发现自我革新的机会，从而迎来二次起飞。

第二，回顾企业发展史可以发现，很多手握强大核心竞争力资源的企业，在企业经营方面出现了偏差，进而导致企业优势没有发挥出来，反而日趋没落。很多年前，市场上还没有出现冰红茶和冰绿茶，那时候有一款茶饮料叫作旭日升冰茶。当时旭日升冰茶在饮料行业属于一枝独秀，其广告火遍大江南北。其后，旭日升公司注册“冰茶”商标，从而形成了对冰茶领域的垄断。其他想要生产冰茶饮料的企业，在无法使用冰茶商标的前提下，不得不对“冰茶”市场进行细分，冰红茶和冰绿茶的出现，改写了冰茶饮料行业的竞争格局。

此后，旭日升公司经营进入衰退期，加上其他一系列原因，最终企业经营陷入困境，导致一个饮料市场霸主品牌陨落。

第三，有一些企业掌握的核心竞争优势局限于某一细分领域，而这些企业又盲目地进行多元化经营，四处出击。尽管在掌握核心竞争优势的细分领域获得了较多利润，但其他领域出现的大面积亏损，将核心竞争优势产生的利润给覆盖了，这种情况是需要投资者特别关注的。在企业经营分析层面，需要了解企业掌握核心竞争优势领域的产品或服务的营收占比以及毛利率情况，同时，其他产品或服务的营收占比和毛利率也是需要关注的。若企业的其他营收占比已经超过拥有核心竞争优势的领域，则需要给这个企业的核心竞争优势打个折扣。

四、相关政策或外界环境变化

政策以及外界环境的变化，可能导致企业拥有的核心竞争优势减弱或消失。具体来说，大致包括但不限于以下两种情况。

第一，国家政策调整或出台某一政策，使得企业拥有的特许经营权等优势消失或减弱。比如前面提及的中国国旅在机场的免税店牌照就直接受益于相关政策。若其后该政策出现调整，势必会冲击中国国旅的核心竞争优势。同样，携号转网政策推出之前，消费者换号会带来大量的转换成本，因而，很多消费者不得不继续使用原来的通信运营商的服务。未来，随着携号转网业务的推出，通信运营商靠高转换成本锁定客户的竞争优势将被大大削弱。

第二，随着消费观念的改变，市场对产品或技术有新的需求。随着时代的变化，即使是大众饮食方面也会出现一些改变，例如，现在人们普遍比前些年更加关注健康、环保等问题，因而对高糖、高热量食物有所顾忌，这就使得原先具有强大竞争优势的企业，优势日趋衰弱。其实，即使巴菲特长期持有的股票，也存在这类问题，如可口可乐就面临这一局面。在碳酸饮料市场上，可口可乐是当之无愧的霸主，然而，越来越多的人开始放弃碳酸饮料，转而饮用果汁或含乳饮料，这都促使了可乐市场的衰退。

第四章

未来价值——持续不断地盈利

价值投资者在选股时，寻找的是股价低于内在价值的股票。如果仔细分析股票的内在价值，就会发现，只有那些成长性较佳的股票，才可能属于具有较高投资价值的标的。原因很简单，一家企业即使有再多的资产，如果成长性不佳，这些资产也会逐渐减损。当这家企业具有较高的成长性时，则可以不断地利用手中的资产创造更多的利润，那么，现在投入的成本就是值得的。

第一节　成长动因分析

尽管有一些企业通过内部控制和内部挖潜能够提升企业的利润率，但是，企业要想获得长期、稳定的利润增长，还是要靠营收的增长。通常情况下，营收增长主要源于四个方面，如图 4-1 所示。

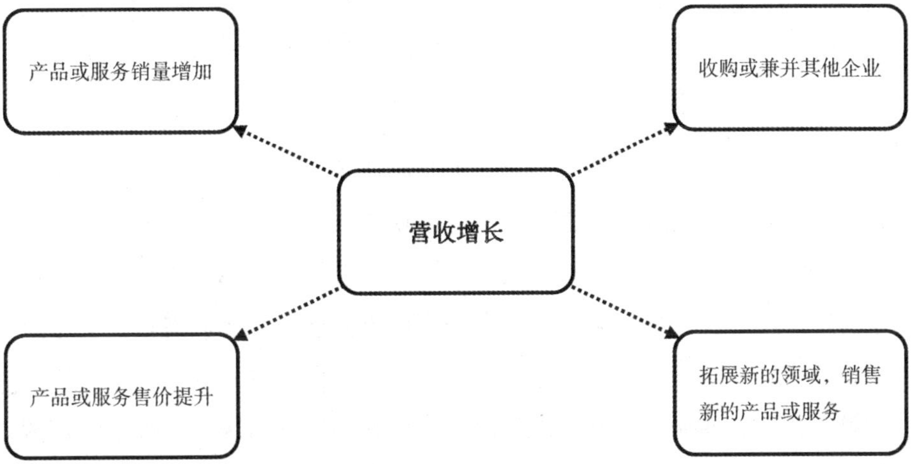

图 4–1　企业实现营收增长的方式

一、产品或服务销量增加

企业通过销售产品或服务获得利润，这是企业最基本的利润增长方式。当企业销售的产品或服务增加，其利润也会随之上升，这是我们判断一个企业成长性的基础。

企业销售产品或服务销量会受到诸多外力的影响，在具体分析企业营收增长情况时，需要重点关注以下几个方面。

第一，产品或服务销量持续提升，需要以产品的品质或服务提升为基础，并辅以销售策略、销售渠道等为依托。因此，企业的品质管理、销售策略以及渠道建设，都是投资者需要关注的内容。

第二，销量能够不断提升，需要参考企业的市场占有率以及行业天花板情况。若属于低市场占有率企业，且每年保持了较快速度的增长，则未来还有望继续提升销售量；反之，若企业产品的市场占有率较高，行业增长空间有限，则企业产品或服务未来销量的提升就会十分困难。

第三，过去销量增速较高并不代表未来也会较高。投资者需要分析一家企业销量增速较高的原因，若只是在某一时间段获得了一个订单，不能保持未来持续获得这类订单，就无法确认该企业未来销量增速较高。

第四，企业生产的产品或服务在未来数年内仍属于有市场的，不是即将被淘汰的产品，若产品或服务属于未来重点发展的方向则更佳。

二、价格提升

价格提升也是企业实现营收增长的一种重要方式。即使销量保持不变，企业通过提升产品或服务的售价，也可以使营收大幅增加。当然，并不是每个企业都能运用提价武器，特别是将其用于长期稳定的营收增长武器，更是十分困难。使用价格提升策略来提升销售额的企业，主要具有以下几个显著特点。

第一，拥有强大核心竞争优势的企业，更容易使用这一武器。在A股市场上，特别是消费品市场上，有很多具有强大品牌优势的企业喜欢采用这一策略。比较典型的如白酒行业中的贵州茅台、五粮液等企业，这些企业每隔一段时间就会上调一次白酒的售价，以增加企业的营收和利润。

第二，提价武器虽然比较有效，却不能经常使用。上调价格的基础是产品销售量能够保持不降，至少下降的幅度不能超过提价的幅度，否则调价策略就是失败的。如果一家企业在几年之内连续调价，一旦销量急转直下，企业再想恢复昔日的市场就会难上加难。比如阿胶领域的龙头企业东阿阿胶，曾经在几年之内多次提价，但在2018年提价之后，销售量急速下滑，致使企业营收和净利润双双下降。

第三，在消费者对价格敏感度较高的领域，企业还是要谨慎使用提价策略。在消费者对价格敏感度较低的领域，具有强大品牌优势的企业，只要将价格控制在合理范围之内，提价策略还是有效的，比如前面提及的高端白酒领域、保健品领域。

通常情况下，具备提价条件的企业往往都拥有显著的竞争优势，这类企业往往也会成为股票市场上的优质标的。

三、销售新的产品或服务

当企业原有产品或服务的市场占有率接近行业天花板或存在衰退迹象时，很多企业就会考虑通过开发新的产品或服务来推动企业营收的增长。科技领域更是如此，一家科技企业很难凭借一种产品持续获得较高增速的营收，只有源源不断地推出新产品，才能让营收不断地攀上更高的台阶。

第一，持续的研发投入与技术储备，是推出新产品或服务的先决条件。企业在研发方面投入较大，才有可能在未来不断推出新的产品和服务。因此，投资者在关注企业当下推出的新产品时，还要关注企业在其他方面的研发投入以及研发预算增长情况等。

第二，从新产品或服务在市场中的地位，判断企业整体研发实力和水平，并预判其在未来市场竞争中的位置。若企业的新产品或服务在市场上处于领先位置，那么，未来该企业也可能会收获较为丰厚的回报；反之，若企业推出的新产品或服务只是跟随者，那么，该企业很难从市场上获得超额回报。

第三，从目前的情况来看，通过销售新的产品或服务，是很多企业增加营收的主要途径之一。不过，一些企业在增加新产品或服务的销售方面往往存在问题，很多企业为了增加营收，拼命进行多元化投资，以期通过销售更多的产品或服务来拉动整体营收的增长，然而，事实可能是营收增加后，净利润没有增长，反而下滑。也就是说，新增了更多没有竞争力的产品，蚕食了原来富有竞争力的产品的利润。担任过通用电气CEO的杰克·韦尔奇提出过一个战略，即“数一数二”战略：在企业的业务中，只有在细分领域占据行业前两名，才会保留并继续投入资源运营，若一个业务根本没有希望做到行业前两名就应该放弃。其实，这也是投资者审视这些上市公司销售新产品或业务时需要采用的方法。若企业拓展的新业务根本没有竞争力，那么只能放弃这些公司的股票，因为我们无法代替上市公司做决策。

四、收购或兼并其他企业

收购或兼并其他企业，是上市公司常用的增厚企业营收的方法之一。不过，这种方法也是失败率很高的方法，很多企业在完成对其他企业的收购或兼并之后，只是暂时取得了营收的增长，很快企业的营收又重新萎缩。因此，对于企业的收购或兼并行为，投资者需要保持足够的审慎。

第一，对于企业的收购与兼并行为，必须一分为二地来看。有些企业的收购与兼并确实推动了企业的快速发展；有些企业的收购与兼并，只是暂时扩充了账面的销售额，并未在实质上改进企业的竞争力。

第二，企业的收购或兼并行为限于产业链内部，即企业收购或兼并自己企业的上游供应商或下游经销商，从而打通整个产业链。如果企业收购的标的确实与企业运营关系密切，这种收购在大多数情况下比较有效，能够为企业节约一部分资源和开支，从而提升企业的竞争力。

第三，企业收购或兼并的对象为同业竞争者。这类收购或兼并行为能否见效，还要看兼并与重组后企业的整合情况。从短期来看，这种收购或兼并行为一定会带动企业的营收增长，但从长期来看，很可能因为整合不达预期而使营收增长乏力。

第四，企业收购或兼并的对象为不相关业务，这是一个风险极大的收购与兼并活动。很多企业都可能用战略布局考虑来掩饰收购或兼并行为，不过，由于企业在这些行业缺乏相应的经营管理经验，且与企业的主业并不相关，很容易造成经营业绩不达标的问题。

第二节　选择具有持续盈利潜力的企业

世界经济形势不断变化，只有那些内部控制能力、研发能力或外部销售能力较强的企业，才能保持盈利规模。通常情况下，下面介绍的几类企业往往具有较佳的获利能力。

一、处于科技前沿的企业

新一轮科技革命方兴未艾，各领域的变革有日趋融合的趋势，这就为处于科技前沿的企业提供了千载难逢的突破与创新良机。

1. 处于科技前沿的企业特征

处于科技前沿的企业有如下几类特征。

第一，企业主要业务都是围绕科技前沿领域展开的，且能够取得相当数量的专利或产品创新，若能有突破性创新则更好。

第二，企业在自身所处的科技前沿领域中，已经赢得了相当多的客户支持，市场占有率在国内市场至少属于三甲水平，若能实现相当程度的垄断则更好。

第三，在财务方面，这些企业的科技业务已经取得了稳定的现金流，说明这类企业的科技产品已经能够获得现实的利益。

2. 处于科技前沿的企业分析要点

科技是第一生产力，投资者利用“处于科技前沿”这一标准选择成长股时，还要注意以下几点。

第一，在炒股软件的分类中，很多公司可能都从属于某一高科技或前沿科技板块，但是，真正能够利用该科技获利或者将该科技作为企业核心竞争力的企业其实并不多，投资者需要根据企业的营业收入构成，仔细研判这些前沿科技给企业带来的实际好处。

第二，创新是处于前沿的科技企业得以生存的关键。特别是在与国际知名企业的竞争中，只有拥有创新基因的企业，才能赢得科技方面的竞争。换句话说，投资者选择的处于科技前沿的企业，必须是在国内外同类企业中无论科技实力还是技术水平都能够位居前列的。

第三，技术的可替代性。没有永不过时的技术。目前，第四次工业革命刚刚启动，许多行业都可能面临革命性变革。很多在今天看来属于非常前沿的技术，明天就有可能被淘汰。投资者选择股票时，要考虑这些企业掌握的核心技术有无被替代的可能。这些处于前沿科技领域的企业，往往是最有可能被颠覆的领域。

下面来看大族激光的案例。

大族激光科技产业集团股份有限公司是一家主要从事激光加工设备研发、生产及销售，以及 PCB、光伏、LED 封装等专用设备研发、生产及销售的公司。该公司是中国激光装备行业的领军企业，也是目前亚洲最大、世界知名的激光加工设备生产厂商。该公司主导产品激光加工设备的核心技术是激光技术，被《国家中长期科学和技术发展规划纲要（2006—2020 年）》列为我国未来 15 年重点发展的前沿技术之一。

从大族激光的财务报告中可以看出，该公司在过去几年内的净资产收益率全部在 15% 以上。鉴于该公司所处的高科技行业特征，可以预见，在未来数年内，该公司仍将保持较高的增长速度。

大族激光的日 K 线走势如图 4-2 所示。

从图 4-2 中可以看出，大族激光的股价自 2017 年 1 月中旬的 20.80 元启动上涨，2018 年 3 月 12 日达到了 60.45 元的高位，股价翻了近 3 倍，由此可见市场资金对高科技成长股的青睐。

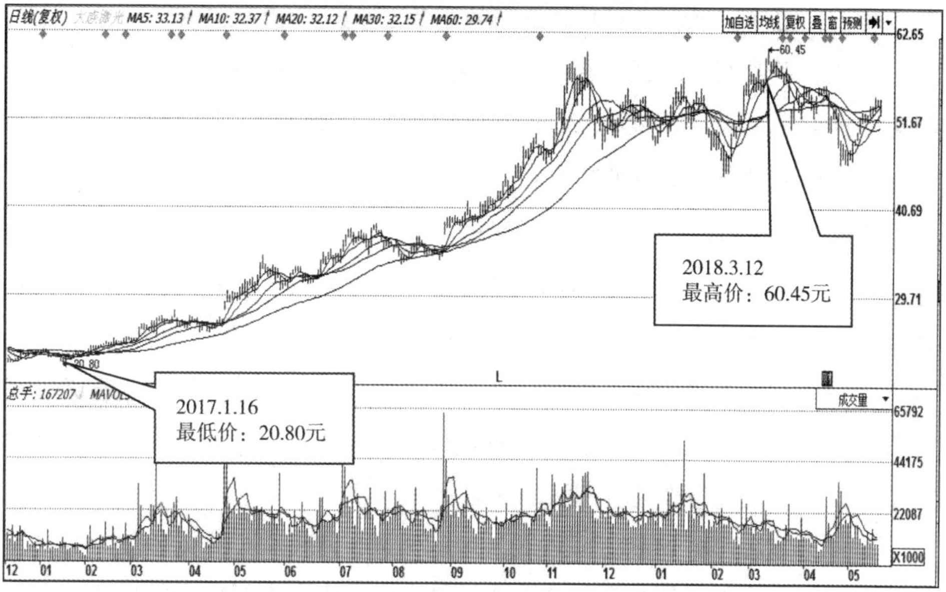

图 4-2 大族激光（002008）日 K 线走势图

二、小公司大品牌式企业

这里的小公司是相对于其品牌知名度而言的，并非真正意义上的小公司。通常情况下，大品牌的公司往往对应着大规模、大公司。不过，也有一些规模相对较小的公司，手里却掌握着较为知名的大品牌。这些公司长期以来只专注于核心业务，并未积极向外拓展。如果用常规的分析方法，这类公司的营收增长率可能会弱于那些多元化企业，但是，这类公司的发展更为稳健，较少犯错误。

1. 小公司大品牌企业的特征

小公司大品牌企业的特征包括如下几类。

第一，拥有历史较为悠久的品牌，有些品牌可能还属于老字号品牌。这些企业可能从一开始就致力于自己的核心业务，也可能是转型不利而不得不走自己熟悉的老路。总之，各种因素促成了这类企业长期坚守自己的老品牌，从而使得这些品牌在消费者心目中留下了难以磨灭的印象。

第二，核心业务较为强势。这些品牌对应的业务在市场上往往具备较强的竞争力，市场上很难找到与其抗衡的竞争对手。

第三，单品利润较低。在市场经济条件下，当某类业务利润较高时，市场上的竞争对手就会蜂拥而入。这些企业的核心产品单品利润往往并不诱人，所以很多竞争对手并未涉足其中。

2. 小公司大品牌企业的分析要点

通常情况下，这些大品牌都能够给企业带来相当大的利润，不过，这些企业并未快速壮大，肯定还有深层次的原因。投资者还需要关注以下几点。

第一，企业未来的成长空间。企业未来的成长空间决定了企业有无投资价值。有些品牌对应的产品已经逐渐被替代品取代，这些企业若不能为品牌重塑价值，那么肯定难逃被淘汰的命运。

第二，核心产品的利润贡献度。这是衡量企业核心产品竞争能力的一个重要指标。若核心产品在企业总体营业收入和利润中占据较大的比重，且有进一步扩大的趋势，则说明企业专注于核心产品的竞争能力，企业未来有较大的上升空间和发展潜力。例如，在A股市场上的安琪酵母、马应龙。

第三，内部成本控制水平。相比其他企业，拥有大品牌的企业更容易做大。然而，有些企业在做大的过程中，因内部成本控制不善失去了做大的机会。投资者在选择股票时，需要关注投资标的的各项费用支出情况，以便做出合理判断。

下面来看一下江中药业的案例。

江中药业股份有限公司是隶属江西省医药行业类的公司，公司主营中成药、中药制剂、抗生素原料药、抗生素制剂等。公司以生产OTC类药品为主，主导产品有江中复方草珊瑚含片、江中健胃消食片、江中亮嗓等，市场竞争力极强。江中亮嗓更荣膺“中国药品市场消费者喜爱的品牌”。

江中药业品牌知名度很高，但是企业规模相对于大型制药企业并不大。不过，这并没有阻止其成为竞品市场中的胜出者。江中药业的净资产收益率近几年一直保持在15%以上，而且销售毛利率超过了80%，说明该企业具有很强的获利能力。该股的日K线走势如图4-3所示。

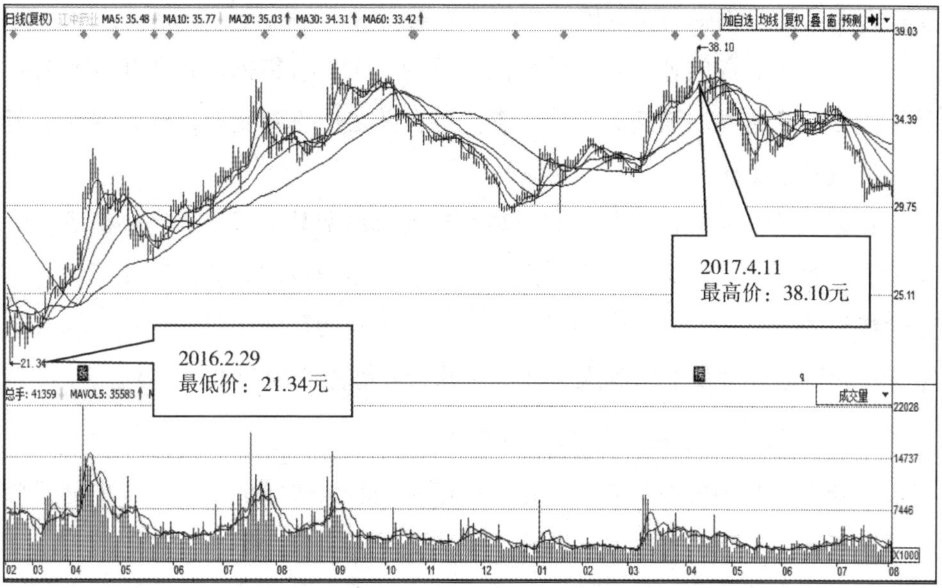

图 4-3 江中药业（600750）日 K 线走势图

从图 4-3 中可以看出，江中药业的股价自 2016 年 2 月底的 21.34 元启动上涨，2017 年 4 月 11 日达到了 38.10 元的高位，股价翻了近一倍。

三、大众消费品中的龙头企业

大众消费品领域，是一个孕育无数投资机会的领域。很多大型巨无霸企业都来自大众消费品领域。在这一领域，竞争往往特别激烈，而获利最为丰厚的，主要是那些龙头企业。当然，若能在合适的机会买入消费品领域垄断公司的股票是最好的；若没有机会，购入一些消费品领域的龙头企业股票也是不错的选择。

1. 大众消费品中的龙头企业特征

大众消费品中的龙头企业有如下几类特征。

第一，企业主要产品属于大众消费领域，都是大家日常消费所需的，市场极为广阔，而且随着消费升级，企业未来的成长空间更大。

第二，这些龙头企业都是在激烈的竞争中杀出重围的胜利者，往往比竞争对手更加敏锐地了解市场动向，也具备更强的获利能力，这一点可以帮助企业在未来的竞争中再次取胜。

第三，资金周转速度快是消费品领域的一个显著特征。企业新生产的产品可以很快到达终端消费者手中，资金也会随之回流到企业，这就保证了消费品领域的企业往往具有较为充沛的现金流。

第四，单品利润低，总体利润高。在大众消费品领域，价格往往成为消费者购买决策的重要影响因素。身处大众消费品领域的企业，往往都经历了较为惨烈的价格战，这就使得这些企业的单品利润都处于较低水平，但由于市场广阔，总体销量非常庞大，能够拉升企业整体的利润水平。

2. 大众消费品中龙头企业分析要点

大众消费品中的龙头企业，往往能够获得较为丰厚的利润，这也是其总是获得市场资本青睐的原因。投资者还需要关注以下几点。

第一，企业营收与回款情况。不进则退是消费品企业的生存法则。尽管这些龙头企业可能已经有了较大的消费规模，但营业收入不能持续增长，则仍有被后起者反超的可能，因而要想生存，只能比别人跑得更快。同时，现金流是一个企业的血液，若没有现金储备和稳定的现金流，企业就存在失血过多的可能。投资者在分析这类企业时，需要重点关注营业收入增长率和现金流情况。

第二，核心产品的竞争能力。尽管身处大众消费品领域的龙头企业的产品不止一类，但按照“二八法则”，一家企业 80% 的利润往往都是由最核心的 20% 的产品贡献的。投资者在分析这类企业时，需要从该企业最核心的产品入手，分析这些核心产品在市场上的竞争力如何，包括单品销售增长率、单品利润率、竞品销量等。

第三，内部成本控制水平。相比其他大众消费品企业，龙头企业更应该是内部成本控制水平较高的企业。身处单品利润率较低的行业，若不能很好地控制成本，企业盈利就会变得异常困难。

下面来看一下海天味业的案例。

海天味业是调味品领域的龙头企业。公司目前生产的调味品涵盖酱油、调味酱、蚝油、鸡精、鸡粉、味精、调味汁等多个系列，其中酱油、调味酱、蚝油是公司目前的主要产品。“海天”品牌先后获得国家工商行政管理局“驰名商标”、中国商务部“中华老字号”和“最具市场竞争力品牌”。

近几年来，海天味业的净资产收益率和销售毛利率一直保持在较高的水平。净资产收益率连年保持 30% 以上的增长速度，而销售毛利率更是超过了 40%，说明该股具有极佳的成长性。该股的日 K 线走势如图 4-4 所示。

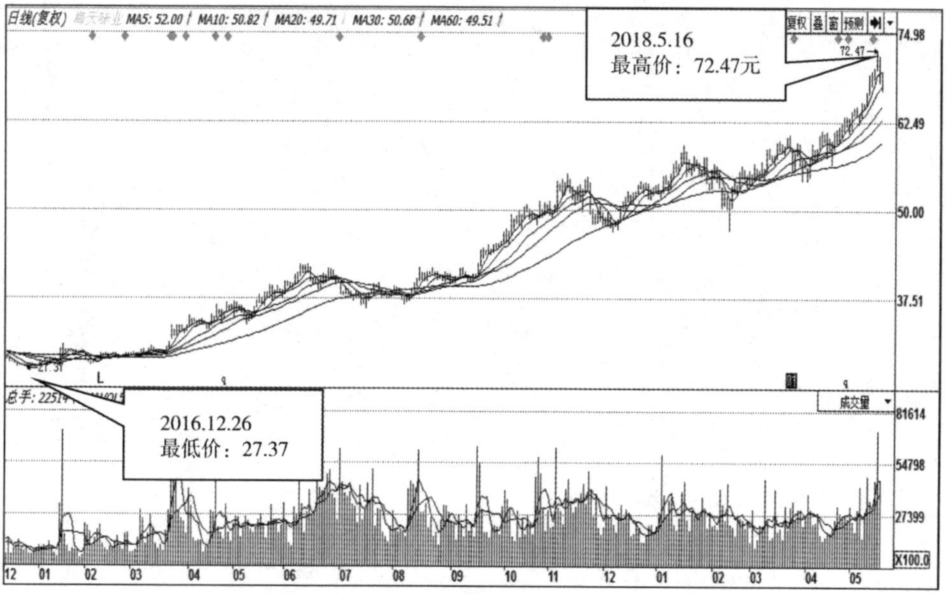

图 4–4　海天味业（603288）日 K 线走势图

从图 4-4 中可以看出，海天味业的股价自 2016 年 12 月底的 27.37 元（复权价）启动上涨后，2018 年 5 月 16 日达到了 72.47 元的高位，股价翻了近 3 倍。

第五章

内部治理——股权、管理层与内控

堡垒最容易从内部攻克。当企业的内部治理问题频发时，无论其具有多强的竞争优势，也无法持续在市场竞争中获胜。稳定的内部治理结构、优秀的管理团队是一家企业盈利的基础和保障。

第一节 稳定、合理的管理层

优秀企业的背后必然有一个优秀的管理层，这个管理层应该具有科学、合理的结构，同时能够保持一定的稳定性。

一、公司治理结构

公司治理结构，是指为实现资源配置的有效性，所有者（股东）对公司的经营管理和绩效进行监督、激励、控制和协调的一整套制度安排，它反映了决定公司发展方向和业绩的各参与方之间的关系。公司治理结构，用通俗的话来讲就是股东与经营者谁来为公司掌舵，决定公司的发展方向。按照现代企业管理的原则，通常是由企业的所有者（股东）聘请经理人来管理公司，所有者（股东）对经理人实施监督。由于上市公司股权分布不同，所有者（股东）能够对经营者施加的影响也有所不同。

通常情况下，公司治理结构主要分为三种。

1. 公司股权分散，无实际上的控股股东，管理层就是实际控制人

随着A股进入全流通时代，股权分散的公司越来越多，这类公司具有如下特点。

第一，没有绝对的控股股东，也就是说，持有公司股份最多的股东，也只拥有公司很少一部分股权。

第二，大股东对管理层没有直接的影响力，也不能任命管理人员。

第三，大股东只能与其他股东联合起来，才能对管理层施加压力。

这类企业已经进入了公众公司的范畴，其管理层的经营效果将直接对所有股东负责，而不是直接对某个或某几个大股东负责。所有股东直接借助股东大会以及选举的董事会完成对管理层的监督。通常情况下，这类公司的管理层对企业拥有较强的掌控能力，企业能够按照管理层的设想和规划发展，企业的经营发展往往比较健康和稳定。

不过，由于股权过于分散，也容易被一些资本大鳄列为攻击目标，南玻A和万科A都曾经被宝能系资金深度介入。不过，资金介入时，往往会有一波股价快速上升的过程，如图5-1所示。

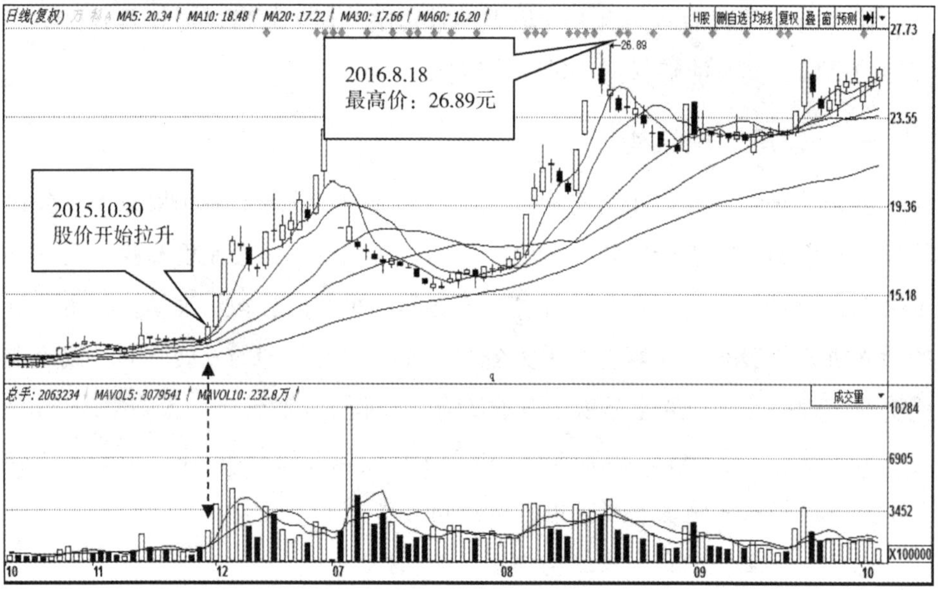

图5-1 万科A（000002）日K线走势图

万科A是一家以房地产开发为主业的上市公司。自1991年上市以来，一直作为A股市场的标杆企业而存在。长期以来，万科A以其规范的管理受到资本市场的普遍青睐。该公司的股权十分分散，在2015年以前，最大的股东持有的股份也不到15%。2015年下半年，万科A被宝能系资金频繁举牌，宝能系一度成为万科A最大的股东，从而引发一场关于万科A的股权争夺战。该股的股价也随着股权争夺战一飞冲天，从2015年10月底的不到14元，一路上涨至2016年8月中旬的26.89元。

随着深圳地铁的介入并成为万科A的第一大股东，万科A的股权争夺战才算告一段落。

2. 公司有控股股东，且由控股股东管理公司

在A股市场上，由控股股东直接控制公司，仍然是一种较为普遍的情况。除了国企之外，大部分上市公司本质上都是由控股股东直接控制的。这类公司有如下几项特点。

第一，控股股东持有公司绝大多数股权或相对多数股权。

第二，控制股东与公司的利益是一致的，因而对企业的投入必然较多，企业的发展总体上有保障。

第三，上市公司能够按照控股股东的意愿开展经营活动，不过，有时可能会损害中小股东的利益。

通常情况下，这类企业的管理层比较稳定，毕竟管理层已经和控股股东合而为一了。

三安光电股份有限公司是一家以LED发光器件为主的高科技光电能源公司。该公司的大股东为厦门三安电子有限公司，实际控制人为林秀成。该公司董事长和总经理均为林秀成的家族成员，也就是说，三安光电的控股股东与管理层是一体的。该公司管理层的运营活动也直接体现了控股股东的意志，这样的治理结构保证了公司管理层的稳定性和经营目标的一致性。

从该公司的财务数据可以看出，该公司的净资产收益率连续数年保持10%以上的增长率，说明该股的成长性极佳。该股日K线走势如图5-2所示。

从图5-2中可以看出，三安光电的股价自2016年11月9日启动上升，2017年11月13日已经上涨到了30.05元，一年的时间内上涨了近3倍。

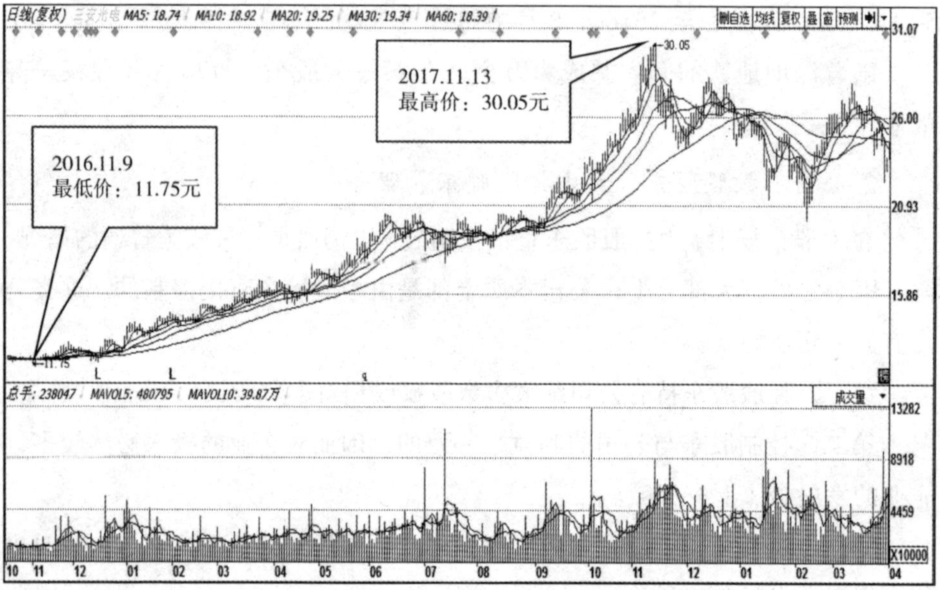

图 5-2 三安光电（600703）日 K 线走势图

3. 公司有控股股东，但股东并不过问企业管理，委托专人管理公司

公司有控股股东，但不亲自经营企业，而是聘请专业的管理人员来经营管理公司，即由职业经理人负责管理。这是一种比较现代的管理模式，真正实现了所有者与经营者的分离。该模式具有如下几个特点。

第一，公司所有者对经营者进行监督，并管控经营目标的完成情况。

第二，公司所有者不干涉管理层的日常经营活动。

第三，管理层的稳定性可能会存在一定的不足。当企业的经营目标未完成时，控股股东可能会采取激进的改换管理层的行为。

美的集团股份有限公司创业于 1968 年，是一家以家电制造业为主的大型综合性企业。何享健一手创建了美的集团，并对集团拥有绝对的控制权。

何享健退休时，并未将公司传给其子女，而是由方洪波接替成为美的集团的董事长和总经理。从此之后，美的集团正式开启了所有者和经营者分离的治理模式。从该公司的财务报表中可以看出，近几年来，美的集团的净资产收益率都在 25% 以上，由此可见该股具有极佳的成长性。该股的日 K 线走势情况如图 5-3 所示。

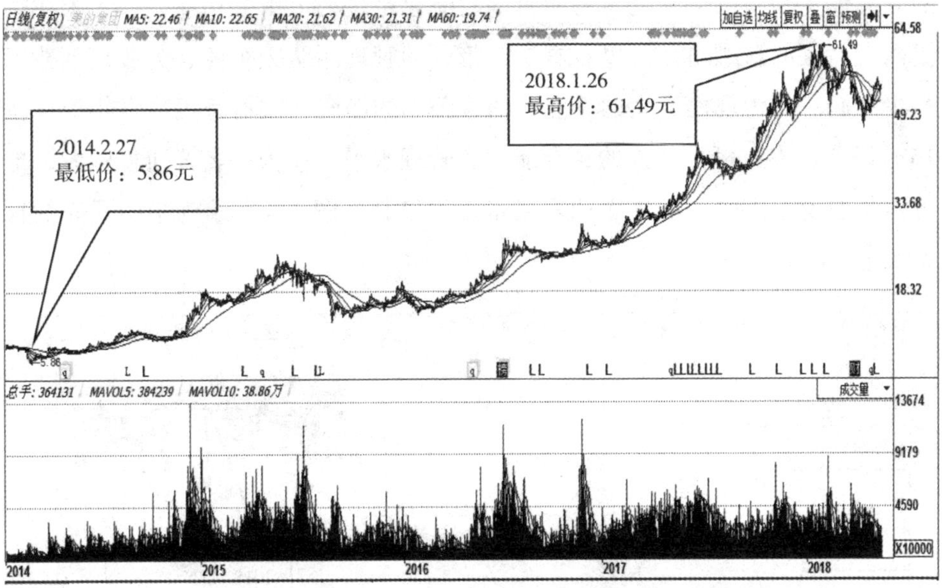

图 5–3 美的集团（000333）日 K 线走势图

从图 5-3 中可以看出，美的集团的股价自 2014 年 2 月 27 日启动上升，2018 年 1 月 26 日已经上涨到了 61.49 元，在 4 年的时间里上涨了 10 倍有余。

总之，没有最佳的治理结构，只有适合自己企业的治理结构。每种治理结构都有运作成功的典范，也都有失败的案例，关键还要看所有者和经营者的具体情况。

二、管理层的薪酬及持股

管理层的薪酬及持股情况，反映了管理层通过自身努力为企业创造价值后能够获得的回报情况。薪酬及持股数量，在一定程度上也可以反映管理团队为企业创造的价值。

1. 管理层的薪酬

薪酬并不一定能够真实地反映一名管理者的价值，但至少能够说明一些问题。优秀的人才从来不是廉价的，冯小刚导演的贺岁片《天下无贼》中，黎叔有一句名言："21 世纪什么最贵？人才。"在所有上市公司中，万科 A 的老总郁亮和中国平安老总马明哲的薪酬总是位列上市公司前茅，大家在感慨两人高额的薪酬时，可以看看二人带领的管理团队为企业、为股东创造了多少利润。作为规模庞大的企业，两家公司的净资产收益率仍能常年保持在 15% 以上，由此可见二人的领导能力和管理水平。作为一名普通投资者，也可以从股价的上涨中分享企业发展带来的红利。图 5-4 所示为中国平安的日 K 线走势图。

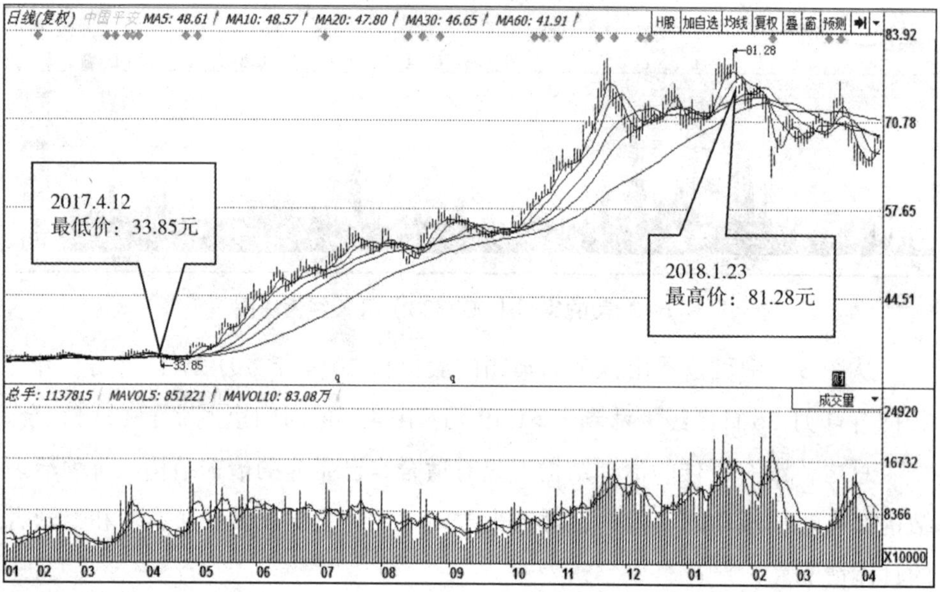

图 5-4 中国平安（601318）日 K 线走势图

从图 5-4 中可以看出，中国平安的股价自 2017 年 4 月 12 日的 33.85 元启动上涨，2018 年 1 月 23 日已经上涨到 81.28 元。在不到一年的时间里，股价翻了一番还多。也就是说，管理层高薪酬不仅能使管理者获利，投资者也能从中获利。

反之，一些看似薪酬较低的管理者，若不能带领企业取得较佳的业绩，那么，他的薪酬再低也是昂贵的。

总之，市场上优秀的经理人并不多，给优秀的管理者以高工资，所有者

（股东）并不会受到损失。相反，那些长期以来效益较差企业的管理者若还领着高工资，就是明显的不合理了。

2. 管理者薪酬中红利所占比重

高层管理者的薪酬中，奖金、红利所占的比重，将对其工作积极性具有重要影响。通常情况下，越是高层的管理者，其奖金、红利所占的比重越大，而且奖金与红利又会与企业的利润指标直接挂钩。其实，这也是大家看到的很多上市公司老总领取高额薪酬的原因。某一年度，若企业业绩较佳，利润指标大幅超额完成，那么，按照企业的激励计划，这些高层管理者可能就会领到高额的薪酬。

反之，若企业高层管理者的薪酬与企业业绩没有任何关系，当企业业绩不振甚至亏损时，企业高管仍旧能拿到高额薪酬，那么，投资者最好远离这类企业。

3. 管理层的持股数量

管理层手中的股票，最原始的来源包括两类：其一，企业上市时，直接配发的原始股（由控股股东或创业团队直接担任管理者）；其二，通过股权激励获得的股票（企业为激励高层管理者而授予的股票期权或股票，通常情况下，这些股票的获取和解禁流通都有一定的条件）。当然，高层管理者也可以通过二级市场直接买入本公司的股票。

通过管理层持股情况，可以反映以下问题。

第一，管理层有无持股。从某种意义上来讲，管理层持股与不持股是存在本质区别的。当管理层持有一定量的股份后，他就是企业的主人，就能够全心全意地为企业付出；反之，若其不持有任何股份，那么，企业经营的好坏与他没有多少关系，很难保证其全力付出。

第二，管理层的持股变化。管理层身处企业管理一线，对企业的经营情况是最了解的，当其不断增加持股量（增持）时，说明其对企业未来的发展非常看好；反之，当其持股量减少时（减持），说明其并不看好企业的发展，企业未来存忧。当然，我们不能一见到管理层减持就对个股投反对票。当股价上涨至较高的位置，管理层适当减持无可厚非，毕竟这些管理层持股就是为了获取这部分收益。但若是一些股票价格已经处于很低的位置了，管理层仍然在减持股票，那么，这类企业的发展就要被打上大大的问号了。

三、管理团队的构成与稳定性

管理团队的构成及稳定性，都会对企业的经营管理产生较大的影响。管理团队评估维度如图 5-5 所示。

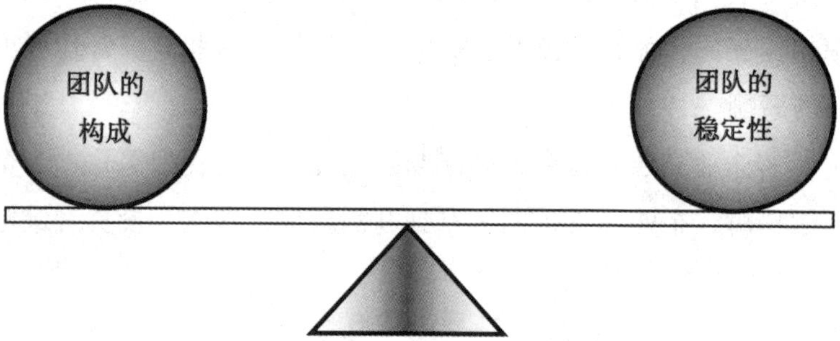

图 5-5 管理团队评估维度

1. 管理团队的构成

因企业的治理结构不同，性质不同，管理团队的构成存在多种形式。例如，很多民营企业上市公司，仍是家族式管理，即由家族成员担任重要的管理岗位。国企或国有控股上市企业，则是由上级直接任命高级管理人员。由多个股东控制的企业，则由大股东派出高级管理人员。

无论哪种方式构成的管理团队，投资者都要考虑这个管理团队内在的知识结构，即管理团队是否具备持续经营该企业的知识与能力。当然，这不仅要看这些管理者的专业背景，还要考虑他们的专长、性格以及在某一领域工作的时间。

2. 管理团队的稳定性

企业规划要靠管理团队去执行，去实现，若管理团队稳定性不足，很容易导致企业规划执行不力，甚至走偏。回顾 A 股上市公司中发展较好的企业就会发现，这些企业的管理团队都具有以下几个特点。

第一，核心管理团队稳定性极佳。中国股市的几只标杆企业中，中国平安一直由马明哲领导；万科A先是王石与郁亮搭档，后来由郁亮独自领导；格力电器先是朱江洪与董明珠搭档，后来朱江洪退休，由董明珠领导。这些企业的核心领导团队几十年没有变过，所以能够一直保持稳定有序的经营。

第二，管理团队逐渐更新换代，更加推崇内部培养的模式。老一辈创业团队退居二线，新的领导团队逐渐浮出水面。近几年来，“空降兵”直接领导企业的情况逐渐减少，更多的是由企业内部培养的管理者接替老一辈创业者，如方洪波接替何享健成为美的集团总裁，梁海山接替张瑞敏、杨绵绵成为青岛海尔总裁。当然，有些企业的接班者就是创业者的子辈，如三安光电的林志强接替其父林秀成，成为三安光电掌门人。

四、诚实的管理层

巴菲特在选择投资目标时，总是把企业的管理者作为重要的评估指标。当巴菲特看中某个企业的领导人时，就会毫不犹豫地为其投资。诚信与正直是考察管理团队最重要的指标，所有者（股东）将钱交给管理者打理，如果管理者总是想方设法拿走股东的钱，糊弄股东，其结果可想而知。

管理层是否诚信、正直，在企业经营过程中会有体现，其包括但不限于以下几个方面。

第一，财务数据有无水分。

很多上市公司管理层都有一定的业绩指标。为了能让自己当期或下期的业绩指标顺利完成，有些企业管理层会在财务数据上做文章，包括虚列营业收入（增加利润以及收入），延期计入当期收入（为了下期财务数据更好看），为了兑现激励计划直接做假财务数据等。其实，这都属于管理层缺乏诚信的表现，也是其对自己经营能力没有信心的一种表现。

第二，是否刻意制造利好或利空，并从中牟利。

股市中总是真真假假的利空利好消息满天飞，大部分捕风捉影的利空或利好消息来自一些主力机构，他们需要这些消息扰乱散户的判断，以便牟利。当然，这是再自然不过的事，毕竟股市如同战场，“兵者，诡道也”。若企业管理层为了减持股份而刻意制造利好消息，就要怀疑其诚信是否有问题了。其实，这在A股市场是频频出现的情况，有一些企业高管总是在企业利好消息发布后进行减持操作，或者故意延缓发布利空消息，为减持赢得时间。

第三，激励能否真的与业绩挂钩。

股权激励是上市公司经常使用的一种激励高层管理团队的方式。股权激励主要是通过附条件给予员工部分股东权益，使其具有主人翁意识，从而与企业形成利益共同体，促进企业与员工共同成长，帮助企业实现稳定发展的长期目标。在股权激励方案中，通常会设置高层管理者获得激励股权的条件，一般包括以下几项：其一，只有某一期间内利润指标达到或超过某一标准时，才能获得这些股份；其二，高层获得的股份一般都有限售期，即多少个月或多少年内不得上市交易。

通常情况下，上市公司通过对高层管理团队实施股权激励，能够最大限度地发挥高层管理团队的积极性，这对投资者来说是十分有利的。尽管股权激励需要动用上市公司的资金，可能会让投资者的收益有所减少，但通过激励高管使其更好地工作，往往可以获得更高的回报。由于股权激励都是有相关条件的，这就使得一些不讲诚信的高管可能会在激励标准上做文章，特别是一些由控股股东担任高层管理者的公司，更容易出现这种情况。他们会设置一个很低的业绩指标（作为管理者，他们知道这个指标是肯定能够完成的），然后轻松拿到大把的激励股份。

第四，企业分红是否大部分被管理层蚕食。

分红是股份公司在盈利中每年按股票份额的一定比例支付给投资者的红利，是上市公司对股东的投资回报。在A股市场上，大股东兼任管理层的现象很多，其中一些管理者还是握有绝大多数股份的大股东。这个时候，当企业实施大比例分红时，管理层获得的红利数字往往非常可观。特别是一些刚刚发行股票的上市公司，获得融资后立即执行大比例分红，这就要分析一下管理层分红背后的动机了。毕竟这些钱并不是企业自己挣来的，而是通过融资从其他股东手中拿到的。这时进行大比例现金分红，获利的只是原始股的大股东。

当然，并不是说分红不好，只是凡事皆有度。巴菲特有一个著名的“1美元原则”，即留存的1美元利润能否创造出至少1美元的市场价值，如果可以，就应该留存。否则的话，就应该给股东分红。当一家企业实施按比例分红时，其实也是在告大诉大家，企业没有办法给股东创造更多的价值。

第五，管理层关联企业亲戚任职情况。

上市公司肯定会有一些关联企业，这本无可厚非。但是，如果管理层的一些亲属在其中任职，则需要重点关注。这些关联企业可能会借助与管理层成员的亲属关系，从上市公司获得灰色利益。

以上5点，都是投资者在考察被投资标的时需要关注的内容。若这些企业中出现上述5点中的一点，就应该回避该企业。

五、企业治理水平

作为普通投资者，尽管我们会尽力搜集一些目标企业的资料（资料仍非常有限），但仍不能对这些上市公司的管理层有清晰、准确的认知。借助历史资料和数据分析管理层以往的治理水平，也是一个不错的选择。

企业治理水平的评价维度如图5-6所示。

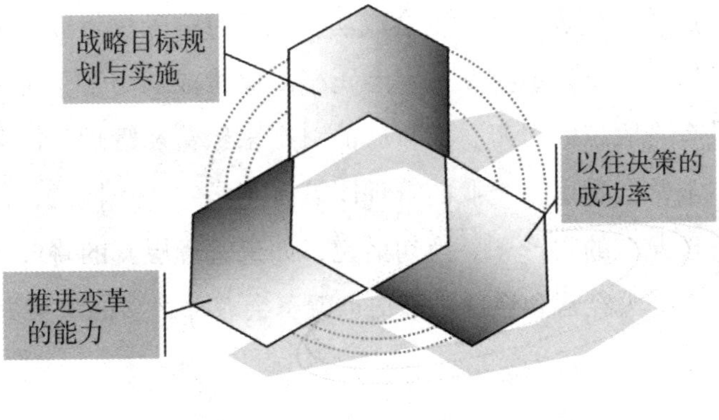

图5–6 企业治理水平的评价维度

第一，战略目标规划与实施。

每隔一段时间，上市公司都会提出一个本企业的战略目标。企业战略实施结果如何，能够反映出管理层管理水平的高低。投资者可以查看一些投资标的企业以往设定的目标、规划，并分析其完成情况。通常情况下，如无特殊原因，每次都能实现其规划目标的企业，往往属于那些管控能力、执行能力都较强的企业，这也可以从侧面反映出企业管理层属于比较务实和诚信的。反之，一些几乎每天都在出台规划与计划，却没有顺利实现的企业，投资者宜避而远之。

第二，推进变革的能力。

市场竞争的形势与格局总是处于不断变化之中。企业为了适应新的形势、新的竞争，就必须进行适当的变革。推进变革的能力，也是考验管理层管理能力强弱的重要指标。变革，总是说起来容易做起来难，其实，企业变革真正能够达到变革目标的少之又少。投资者在考察企业时，可以重点关注企业在推进变革过程中遇到的困难及采取的对策，同时关注变革目标的完成情况。

若某个企业管理层能够连续数次推进企业变革，可以认定这个企业的管理层具有较强的推进变革的能力。这样的管理层在与其他企业的竞争中，也将更容易取得优势。

第三，以往决策的成功率。

过去的成功不代表未来一定会成功，但若过去的决策以失败居多，那么很难让人相信他们未来的判断一定会正确。决策成功与否，也反映了企业管理团队有没有将股东的财产看成自己的财产来经营和管理。巴菲特在选择投资标的时，常常会看这个企业的管理团队是不是“才华横溢，像管理自己的财产一样管理股东的财产”。换句话说，如果管理层真的将股东的财产当成自己的财产一样去经营和管理，恐怕也就不会有那么多的决策失误了。

第二节　内部控制与会计体系

从理论上讲，上市公司的财务与内部控制体系都应该是比较完善和规范的，然而，频频发生的大股东违规动用上市公司资产的事件，让我们不得不重新审视这些上市公司的内部控制与会计体系。

一、企业内部控制制度的规范性

站在普通投资者的立场，很难去检查一家上市公司财务制度是否合规，是否完善。企业能够成功上市，至少在制度建设层面肯定是过关的。不过，我们也可以从反向来看待这个问题。

一家企业是否能够严格按照规章制度执行，只需看看企业最近几年有无各类违规记录就可以了解大概情况。一般来说，包括但不限于以下几种情况出现时，就需要查看其内部控制制度运行情况。

第一，一家企业的大股东有过占有上市公司资金的历史。

第二，企业高管有违规减持的记录。

第三，企业因各种原因被证券交易所警告或处罚。

第四，财报报告被审计后，审计机构出具的意见为“非无保留意见”。

第五，企业高管在财务报告中不能保证财务数据的真实、可靠。近几年有企业高管在年报中直接表达了“无法保证财务数据真实”的意见。此时，投资者最好远离这类企业。

二、财务违规与造假

上市公司的财务数据中，比较容易出现水分的项目为“应收账款”和“其他应收款”。

按照通常的理解，应收账款就是企业销售货物或服务后，应当收回而尚未收回的货款。其他应收款则为其他往来款项，比如企业向其他企业或个人提供借款后应当收回的款项。

1. 应收账款造假

在实际账务处理过程中，一些企业为了粉饰财务报表，故意采取关联交易或虚假销售货物的方式增加企业营收。这部分款项主要体现在应收账款的增加上，但因为没有实际的现金流入，所以在现金流量表上没有任何显示。虚增的销售收入不可能一直挂账，很多企业会在次年重新调整上一年度的财务报表，即将销售出的货物做退货处理，然后将财务数据抹平。这样，企业修改的是上一年度的财务报表，很少有投资者会关注。从本质上来说，这就是一次“虚构应收账款”的操作。

即使真实存在的应收账款，也存在成为“坏账”的可能。通常情况下，如果应收账款在几年内无法收回，企业就不得不进行“计提坏账准备金”的处理。这也是投资者在分析报表时，需要特别关注应收账款的原因，一旦应收账款无法收回成为坏账，那么，企业的利润将会直线下滑。

2. 其他应收款造假

对于很多企业来说，其他应收款是一个比应收账款更容易造假的项目。由于虚增应收账款需要开立相应的货物入库与出库单据，而其他应收款只需一个单据就可以，因而很多被大股东占用的资金，都会被列入其他应收款的范畴。投资者在分析上市公司的账目时，需要重点考查其他应收款的高低，毕竟很多被大股东占用的资金都很难收回。

3. 飘忽不定的固定资产

固定资产也是上市公司财务数据中一块很难精确计量的资产。很多企业上市融资、增发股份以及不进行利润分配，都可能提出即将进行固定资产投资这种理由。然而，在实际的账务操作中，很多企业的固定资产投资往往存在夸大投资额度、转移投资资金、延长固定资产投资周期以粉饰财务报表等现象。

有些企业的固定资产投资长达七八年，这期间会充满变数，企业消化这笔投资的时间也不确定，这都是需要投资者关注的内容。

第六章

内在价值分析——基本财务分析

在价值投资理论体系中，内在价值分析是一个核心内容，而基本财务分析是内在价值分析的前提和基础。

第一节　基本财务分析指标

按照目前比较容易掌握的上市公司资料来看，财务指标仍是分析一只股票价值的有效手段。因此，了解财务报表中的资产负债表、利润表和现金流量表，就是分析一只股票价值的前提。

一、认识资产负债表

我们平时说谁家比较有钱，指的就是这家人的资产比较多，没有或者很少有负债的情况。看一个企业的实力大小，要看其资产与负债情况。通常情况下，资产越多，负债越少，企业的实力也就越雄厚，也就越具备投资价值。

资产负债表又称财务状况表，是表示企业在一定时期（通常为各会计期末）的财务状况（即资产、负债和业主权益状况）的主要会计报表。资产负债表由资产、负债和所有者权益三部分组成。“资产 = 负债 + 所有者权益”是编制资产负债表的理论基础，也是资产负债表成立的基本原理。上市公司每个季度都会公布自己的财务报表，其中资产负债表和利润表、现金流量表都是其必须公布的项目。

投资者借助【F10】功能键，在【财务概况】选项卡内点击【资产负债表】，可以看到完整的资产负债表信息，如图 6-1 所示。

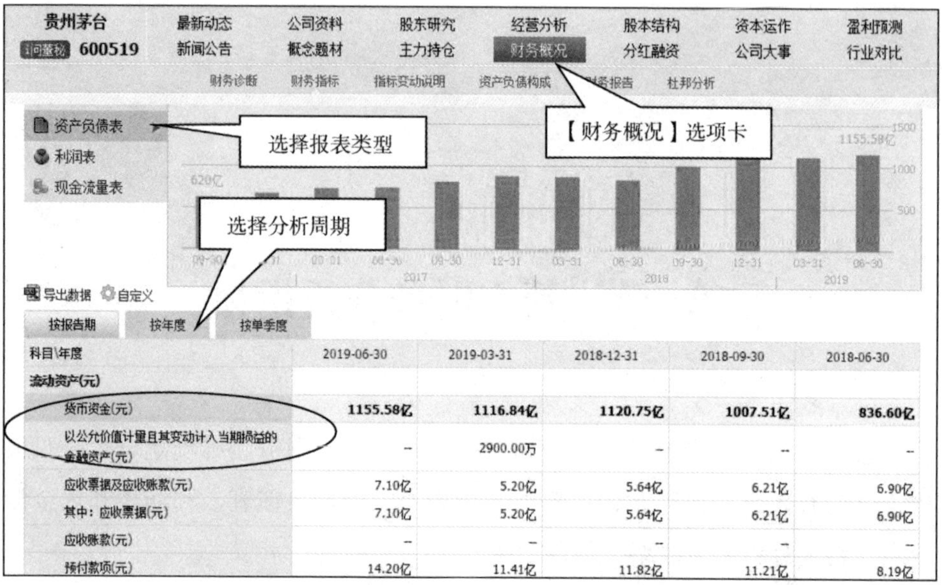

图 6-1 贵州茅台（600519）资产负债表

炒股软件中给出的资产负债表项目都是纵向排列的，同时给出多个报告周期的数据。投资者可以通过各个周期的财务数据进行对比，以获得自己想要的信息。为了让读者更容易理解资产负债表，下面把资产负债表还原为普通样式。通常所说的资产负债表如表 6-1 所示。

对比图 6-1 和表 6-1 可以发现，炒股软件中的资产负债表其实就是将表 6-1 中的项目纵向展开了。

企业所在行业不同，经营项目不同，资产负债表中的一些具体分类项目也会有所差异，但基本结构不会变。

资产负债表的左侧为资产栏目，右侧上半部分为负债栏目。右侧下半部分为所有者权益栏目。其中，资产栏目的总额应该恒等于右侧负债栏目与所有者权益栏目的总和。

表 6–1　资产负债表

2018 年 8 月 8 日　　　　会企 01 表
编制单位：** 有限责任公司　　　　单位：元

资产	行次	年初数	期末数	负债和所有者权益（或股东权益）	行次	年初数	期末数
流动资产：				流动负债：			
货币资金	1	880 000.00	2 000 000.00	短期借款	34	300 000.00	700 000.00
交易性金融资产	2			交易金融负债	35		
应收票据	3			应付票据	36		
应收账款	4	200 000.00	500 000.00	应付账款	37	1 800 000.00	2 200 000.00
预付账款	5			预收账款	38		
应收利息	6			应付职工薪酬	39		600 000.00
应收股利	7			应交税费	40		399 000.00
其他应收款	8	2 000 000.00	100 000.00	应付利息	41		1 000.00
存货	9	1 000 000.00	3 000 000.00	应付股利	42		
其中：消耗性生物资产	10			其他应付款	43	700 000.00	1 000 000.00
一年内到期的非流动资产	11			一年内到期的非流动负债	44		
其他流动资产	12			其他流动负债	45		
流动资产合计：	13	4 080 000.00	5 600 000.00	流动负债合计：	46	2 800 000.00	5 000 000.00
非流动资产：	14			非流动负债：	47		
可供出售金融资产	15			长期借款	48		
持有至到期投资	16			应付债券	49		

资产	行次	年初数	期末数	负债和所有者权益（或股东权益）	行次	年初数	期末数
长期应收款	17			长期应付款	50	1 500 000.00	1 000 000.00
长期股权投资	18	1 000 000.00	1 000 000.00	专项应付款	51		
投资性房地产	19			预计负债	52		
固定资产	20	2 000 000.00	2 500 000.00	递延所得税负债	53		
在建工程	21			其他非流动负债	54		
工程物资	22			非流动负债合计：	55	1 500 000.00	1 000 000.00
固定资产清理	23			负债合计：	56	4 300 000.00	6 000 000.00
无形资产	24	600 000.00	600 000.00				
开发支出	25			所有者权益（或股东权益）：	57		
专利权	26			实收资本（或股本）	58	3 000 000.00	3 000 000.00
商标权	27			资本公积	59		
商誉	28			减：库存股	60		
长期待摊费用	29			盈余公积	61		
递延所得税资产	30			未分配利润	62	380 000.00	700 000.00
其他费流动资产	31			所有者权益（股东权益）合计：	63	3 380 000.00	3 700 000.00
非流动资产合计：	32	3 600 000.00	4 100 000.00		64		
资产合计：	33	7 680 000.00	9 700 000.00	负债和所有者权益(或股东权益)合计：	65	7 680 000.00	9 700 000.00

注：表中数据皆为虚拟数据，仅为方便讲解之用。

1. 资产负债表中的“资产”

资产，是指由企业过去经营交易或各事项形成的、由企业拥有或控制的、预期会给企业带来经济利益的资源。用通俗的话来讲，就是告诉投资者企业有什么（资产）。当然，企业拥有的东西，既包括用自己的钱买来的（所有者权益），还包括借别人的钱买来的供自己使用的东西（负债）。总之，企业现在能用来赚钱的资源就是企业的资产。按照会计分类方法，可以将资产分为流动资产和非流动资产两类。

（1）流动资产。

流动资产是指企业可以在一年或者超过一年的一个营业周期内变现或者运用的资产，是企业资产中必不可少的组成部分。流动资产，也就是那些能够在短期内迅速变现的资产，最典型也是最重要的流动资产包括现金（本身就是货币）、存货（商品卖出可以换回现金，原材料可以变成商品，再换回现金）、应收账款（就是别人欠自己的钱，能收回来的就是现金，收不回来就会变成坏账，后面再介绍）。

在诸多流动资产中，现金是最重要的一种。企业不同，所在行业不同，存货和应收账款的变现能力是存在差别的。比如，图 6-1 中的贵州茅台，2018 年年度应收账款为 0。之所以应收账款为 0，这与贵州茅台所处的地位有关。很多供应商提前向贵州茅台公司支付货款都不一定能拿到货，所以也就没有经销商敢欠贵州茅台公司的钱了。但是，不是每个企业都有这种能力。

从某种意义上来说，企业所在行业不同，企业所处的地位不同，应收账款的额度也会有所不同。应收账款越多，企业面临的风险越高。

（2）非流动资产。

非流动资产是指不能在一年或者超过一年的一个营业周期内变现或者耗用的资产。非流动资产是指流动资产以外的资产，主要包括持有到期的投资、长期应收款、长期股权投资、工程物资、投资性房地产、固定资产、在建工程、无形资产、长期待摊费用、可供出售的金融资产等。也就是说，除了流动资产之外的资产，都属于非流动资产。

非流动资产的变现能力普遍弱于流动资产，而且在变现时常常会有折损。最典型的非流动资产主要包括如下几类。

第一，长期股权投资。企业对外投资取得的被投资单位的股份。A 股上市公司经常会投资一些相关单位，公司为了获得被投资单位的股份所花费的资金，就是长期股权投资。这些企业每年的分红，也会按比例计入企业的投资收益。作为投资者，要关注这些上市公司投资的单位及行业。若被投资单位中有能够上市的单位，无疑将大大提升企业的投资收益；若被投资单位中有一些涉及热门概念，也会带动上市公司股价上扬。

第二，固定资产。固定资产是指企业为生产产品、提供劳务、出租或者经营管理而持有的使用时间超过12个月、价值达到一定标准的非货币性资产，包括房屋、建筑物、机器、机械、运输工具，以及其他与生产经营活动有关的设备、器具、工具等。固定资产具有三个属性：其一，必须是与生产经营有关的（无关的资产可能被列入投资，如投资性房产）；其二，持有和使用时间较长，一般要超过 12 个月；其三，要有一定的价值，价格不能太低（价格太低，可能会列入低值易耗品从而直接摊销）。

大多数企业中，固定资产占总资产的比例较大，特别是一些生产型企业，其设备、厂房的投资很大，很容易造成固定资产高企。这些固定资产通常在短期内难以变现，只会在企业账面上显现，一旦企业破产，可能会被折掉相当大的价值。也有一些企业的固定资产已经折旧完毕，但仍然在发挥余热，这会为企业增值不少。正因如此，投资者在分析目标标的资产时，要留心固定资产栏目，从不同角度分析固定资产的价值。

第三，无形资产。无形资产是指企业拥有或者控制的没有实物形态可辨认的非货币性资产。无形资产包括特许经营权、专利权、商标权等。无形资产的计量存在一定的困难，只有在发生交易时，才会体现其价值。很多品牌价值很高的企业，在会计报表中并没有计入这部分资产。很多品牌价值较高的企业，在这一部分资产中往往存在低估的情况。投资者需要自行估算其大致价值，以便获得标的企业更为准确的价值数据。

2. 资产负债表中的“负债”

负债，是企业承担的能以货币计量、需以资产或劳务偿还的债务。负债是一种债务，是企业需要偿还的钱。如同一个人欠了别人的钱，这笔债终究是要偿还的。资产负债表中的“负债”，就是要告诉大家这家企业到底欠了多少外债。大家知道，如果一个人欠了其他人很多钱，那么他再出去借钱的时候，大家就会担心他能不能还上钱。企业也是如此，如果一个企业负债过多，甚至出现资不抵债（资产小于负债）的情况，那么这家企业就离破产不远了。

按照会计分类方法，可以将负债分为流动负债和非流动负债两类。

（1）流动负债。

流动负债，是指在一年或者超过一年的一个营业周期内偿还的债务。流动负债与流动资产相对，是那些需要在短期内偿还的债务。换句话说，这些债务可能在接下来的一年内耗用大量的现金，企业必须有充足的流动资产与之对应。最典型的流动负债包括短期借款、应付账款、应付职工薪酬、应付税费、预收账款等。企业收到预收账款，必须在短期内向客户提供产品，产品则属于流动资产范畴。不过，预收货款越多，越能说明企业在市场竞争中处于优势地位。贵州茅台2019年半年报的预收账款高达122.57亿元，如图6-2所示。

流动负债(元)	2019-06-30	2019-03-31	2018-12-31	2018-09-30	2018-06-30
短期借款(元)	--	--	--	--	--
应付票据及应付账款(元)	13.26亿	11.74亿	11.78亿	9.23亿	11.69亿
应付账款(元)	13.26亿	--	11.78亿	--	11.69亿
预收款项(元)	122.57亿	113.85亿	135.77亿	111.68亿	99.40亿
应付职工薪酬(元)	4.12亿	4.52亿	20.35亿	5.49亿	5.06亿
应交税费(元)	32.58亿	27.04亿	107.71亿	50.25亿	17.13亿
其他应付款合计(元)	46.18亿	35.87亿	34.05亿	46.18亿	70.71亿
其中：应付利息(元)	4573.68万	3289.65万	4277.05万	3382.09万	3077.78万
应付股利(元)	--	--	--	--	25.80亿
其他应付款(元)	45.72亿	--	--	--	44.60亿
一年内到期的非流动负债(元)	--	--	--	--	--
其他流动负债(元)	--	--	--	--	--
流动负债合计(元)	454.37亿	305.66亿	424.38亿	409.75亿	333.95亿

图6–2 贵州茅台（600519）财务数据表

（2）非流动负债。

非流动负债又称长期负债，是指偿还期在一年或者超过一年的一个营业周期以上的债务。非流动负债多是一些需要在未来某个时间点偿还的债务，最典型的非流动负债包括长期借款、应付债券、专项应付款、长期应付款等。

3. 资产负债表中的“所有者权益”

所有者权益，是指企业资产扣除负债后由所有者享有的剩余权益。公司的所有者权益又称股东权益，所有者权益是所有者对企业资产的剩余索取权，它是企业资产扣除债权人权益后应由所有者享有的部分。其实，这部分资产本质上就是企业的净资产。通常情况下，所有者权益越高，说明企业内在的实力越强。所有者权益主要包括实收资本、资本公积、盈余公积、未分配利润等几项。

（1）实收资本。

实收资本指企业实际收到的投资人投入的资本。在上市公司财务报表中，更多地会以“股本（单位：元）”来体现。目前，大多数上市公司原始股的票面价格为 1 元，也就是说，这家公司共有多少股数，也就有多少元的实收资本。例如，贵州茅台截至 2018 年年底的股数为 12.56 亿股，那么，该公司的实收资本也就是 12.56 亿元。不过也有例外情况，比如，紫金矿业股票的票面价格仅为 0.1 元。截至 2017 年年底，紫金矿业的股本数为 230.31 亿股，该公司的实收资本为 23.03 亿元。投资者在选择投资标的时，要多留心这些股票的股本总数和股本额情况。

（2）资本公积。

资本公积是指企业在经营过程中由于接受捐赠、股本溢价以及法定财产重估增值等原因所形成的公积金。例如，某个人赠予公司 100 万元，那么这 100 万元就会被计入资本公积。同样常见的资本公积还包括上市公司发行股票的溢价价值。前面讲过，大多数上市公司的股票票面价格为 1 元，上市时，其发行价会远远超过 1 元，那么这部分溢价的金额将被计入企业的资本公积。

例如，某公司上市发行股票 2 000 万股，发行价格为 10 元，资本溢价金为:

资本溢价金 =（10-1）×2 000 万 =18 000 万元

这 18 000 万元就会被计入资本公积（不考虑其他税费支出）。新股发行过程中会有大量资本溢价金被计入资本公积，这部分资本公积未来有转增资本（送股）的可能，这也是投资者青睐新股的一个原因。

（3）盈余公积。

盈余公积是企业从税后利润中提取形成的、存留于企业内部、具有特定用途的收益积累，它指各种积累资金，包括法定盈余公积、任意盈余公积、法定公益金。通常情况下，企业每年可以从净利润中提取 10% 左右的资金作为盈余公积。当企业的盈余公积规模达到企业注册资本金的 50% 时，可不再继续提取。

这部分盈余公积可以用于弥补亏损或者扩大生产经营，也可以用于转增资本（上市公司也有用盈余公积转增资本、派送新股的）。其实，很多时候财务报表出来后，投资者查看一下各个公司的资本公积和盈余公积情况，就可以大致了解这个公司有无送股的可能。

（4）未分配利润。

未分配利润是企业留待以后年度分配或待分配的利润。未分配利润一般是企业当年净利润扣除盈余公积后，可供投资者分配的部分。目前很多上市公司并不会将全部未分配利润分给投资者，毕竟很多公司都缺钱。

年报出台后，未分配利润越多的企业，分红的概率和额度会越高。其实，这也是投资者寻找绩优成长股的原因之一。

二、认识利润表

利润表是反映企业在一定会计期间经营成果的财务报表。上市企业会在每个季度结束后公布该季度的收入与支出情况，并汇总计算出净利润和每股净收益。最终的利润数值固然重要，但其收入与支出的构成同样也需要关注。

投资者借助【F10】功能，在【财务概况】选项卡内点击【利润表】，就可以看到完整的利润表信息，如图 6-3 所示。

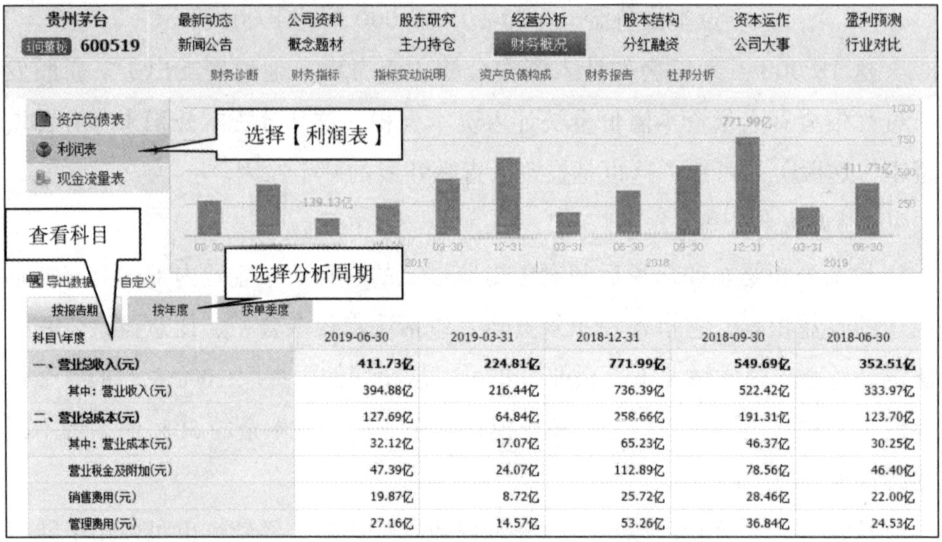

科目\年度	2019-06-30	2019-03-31	2018-12-31	2018-09-30	2018-06-30
一、营业总收入(元)	**411.73亿**	**224.81亿**	**771.99亿**	**549.69亿**	**352.51亿**
其中：营业收入(元)	394.88亿	216.44亿	736.39亿	522.42亿	333.97亿
二、营业总成本(元)	127.69亿	64.84亿	258.66亿	191.31亿	123.70亿
其中：营业成本(元)	32.12亿	17.07亿	65.23亿	46.37亿	30.25亿
营业税金及附加(元)	47.39亿	24.07亿	112.89亿	78.56亿	46.40亿
销售费用(元)	19.87亿	8.72亿	25.72亿	28.46亿	22.00亿
管理费用(元)	27.16亿	14.57亿	53.26亿	36.84亿	24.53亿

图 6–3 贵州茅台（600519）利润表

如图 6-3 所示，炒股软件给出的利润表项目都是纵向排列的，同时给出了多个报告周期的数据。投资者可以通过各个周期的财务利润数据进行对比，以获得自己想要的信息。为了让读者更容易理解利润表，下面把利润表还原为普通样式，如表 6-2 所示。

表 6–2 利润表

2018 年 8 月 8 日　　　　　　　　　　　　　　　　会企 02 表
编制单位：** 有限责任公司　　　　　　　　　　　　单位：元

项　目	行次	本期金额	上年同期
一、营业收入	1	1 700 000.00	800 000.00
减：营业成本	2	1 300 000.00	600 000.00
营业税金及附加	3	50 000.00	10 000.00
销售费用	4	100 000.00	35 000.00
管理费用	5	50 000.00	20 000.00
财务费用	6	10 000.00	5 000.00
资产减值损失	7		
加：公允价值变动收益	8		
投资收益	9	50 000.00	

续表

项　目	行次	本期金额	上年同期
其中：对联营和合资企业投资收益	10		
二、营业利润	11	240 000.00	130 000.00
加：营业外收入	12	530 000.00	51 000.00
减：营业外支出	13	300 000.00	30 000.00
营业税金及附加	14	70 000.00	1 000.00
三、利润总额	15	400 000.00	150 000.00
减：所得税费用	16	80 000.00	30 000.00
四、净利润	17	320 000.00	120 000.00

利润表中的项目是按照自上而下排列的，各个项目给出的数值及增减关系一目了然。投资者要特别注意以下几个科目。

1. 利润表中的营业收入

营业收入指企业从事生产、经营活动取得的收入，这是一个判断企业收入成色的项目。营业收入越高，企业越专注于核心业务，未来获得的收入可能越高；反之，则可能因为企业过分关注非营业业务（投资理财、变卖资产等）导致主营业务不振，影响企业长期盈利能力。

其实，比营业收入更有效的指标是主营业务收入。主营业务收入更能反映企业核心业务的收入情况，也比营业收入更加可靠。不过，从目前上市公司披露的年报中，很难区分出主营业务和非主营业务，毕竟很多上市公司现在都是多元化经营。从专业化运作角度来看，一些专注于某一领域且在领域内取得较为明显优势的企业，更应该受到关注。

2. 利润表中的营业成本

营业成本是用来核算企业因销售商品、提供劳务等日常活动而发生的成本。营业成本是与营业收入相对的概念。正常情况下，营业成本必然低于营业收入，因为没有人会做赔钱的交易。通过营业成本与营业收入的比较，投资者能够看出企业的成本控制情况。

3. 利润表中的管理费用

管理费用是指企业行政管理部门为组织和管理生产经营活动而发生的各种费用，它是企业运营过程中相对稳定的一种支出。若企业没有出现大规模调整（规模扩大、收购新的企业或裁员等），企业的管理费用会保持相对稳定。若某一年或某季度企业的管理费用出现了异常增减，投资者需要仔细研判变化的原因，以及可能给企业收益带来的影响。

4. 利润表中的“销售费用”

销售费用是指企业销售商品和材料、提供劳务的过程中发生的各种费用，包括企业在销售商品过程中发生的保险费、包装费、展览费、广告费、商品维修费、预计产品质量保证损失费、运输费、装卸费，以及为销售本企业商品而专设的销售机构（含销售网点、售后服务网点等）的职工薪酬、业务费、折旧费等经营费用。

随着企业对销售策划、广告宣传的日益重视，广告费等销售费用在企业开支中所占的比重也越来越大。同时，企业类型不同，推广战略不同，销售费用开支的规模和占营业收入的比重也不尽相同。投资者应该研判销售费用与营业收入发生异动的情况。例如，某上市公司的销售费用一直占营业收入的 5% 左右，但某一年占到了 10%，这时投资者就需要研判发生这种变化的原因，以及未来可能给企业收益带来的影响。

5. 利润表中的“财务费用”

财务费用是指企业为筹集生产经营所需资金而发生的费用。用通俗的话来讲，你从别人手里借钱，是要付利息的。上市公司从银行或金融机构借贷，也是要偿付相当多的利息的。通常情况下，企业融资规模越大，利息支出越多，财务费用也越高，这些财务费用会蚕食企业相当一部分盈利。

三、认识现金流量表

现金流量表是以现金为基础编制的反映企业一定会计期间内经营活动、投资活动以及筹资活动等对现金及现金等价物产生影响的会计报表，它本质上就是一张反映企业现金流入与流出的报表。

每季度结束后，上市公司会公开本季度的现金流量表。投资者借助【F10】功能，在【财务概况】选项卡内点击【现金流量表】，可以查看完整的现金流量表信息，如图 6-4 所示。

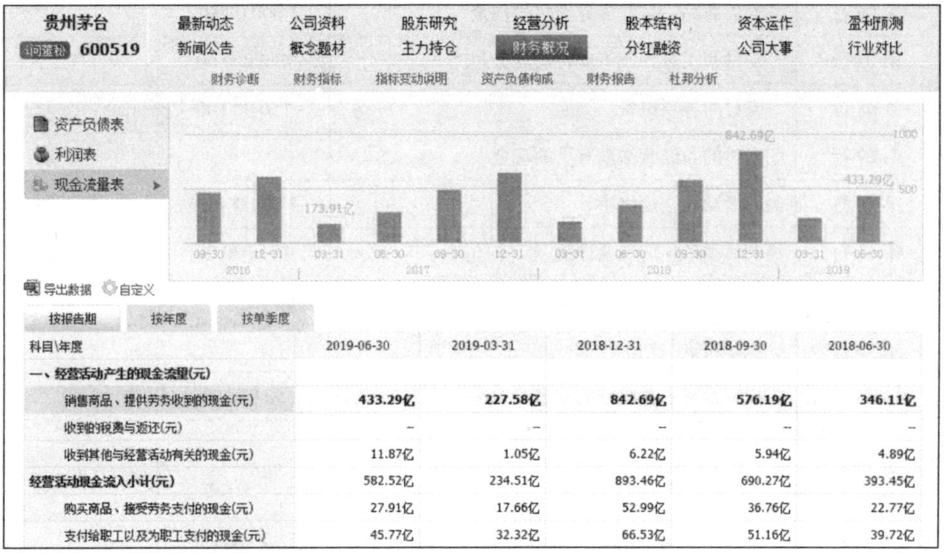

科目\年度	2019-06-30	2019-03-31	2018-12-31	2018-09-30	2018-06-30
一、经营活动产生的现金流量(元)					
销售商品、提供劳务收到的现金(元)	433.29亿	227.58亿	842.69亿	576.19亿	346.11亿
收到的税费与返还(元)	--	--	--	--	--
收到其他与经营活动有关的现金(元)	11.87亿	1.05亿	6.22亿	5.94亿	4.89亿
经营活动现金流入小计(元)	582.52亿	234.51亿	893.46亿	690.27亿	393.45亿
购买商品、接受劳务支付的现金(元)	27.91亿	17.66亿	52.99亿	36.76亿	22.77亿
支付给职工以及为职工支付的现金(元)	45.77亿	32.32亿	66.53亿	51.16亿	39.72亿

图 6-4 贵州茅台（600519）现金流量表

炒股软件中给出的现金流量表项目都是纵向排列的，同时给出了多个报告周期的数据。投资者可以通过各个周期的现金流入与流出数据对比，获得自己想要的信息。为了让读者更容易理解现金流量表，下面把现金流量表还原为普通样式，如表 6-3 所示。

表 6-3　现金流量表

2018 年 8 月 8 日　　　　会企 03 表

编制单位：** 有限责任公司　　　　单位：元

行次	项目	本期金额	其他说明
第 01 行	一、经营活动产生的现金流量		
第 02 行	销售商品、提供劳务收到的现金	1 797 000.00	
第 03 行	收到的税费返还		

续表

行次	项目	本期金额	其他说明
第 04 行	收到其他与经营活动有关的现金		
第 05 行	经营活动现金流入小计	1 797 000.00	
第 06 行	购买商品、接受劳务支付的现金	1 000 000.00	
第 07 行	支付职工及为职工支付的现金	450 000.00	
第 08 行	支付的各项税费	150 000.00	
第 09 行	支付的与经营活动有关的现金		
第 10 行	经营活动现金流出小计	1 600 000.00	
第 11 行	经营活动产生的现金净额	197 000.00	
第 12 行	二、投资活动产生的现金流量		
第 13 行	收回投资收到的现金		
第 14 行	取得投资收益收到的现金	50 000.00	
第 15 行	处置固定资产、无形资产和其他长期资产收回的现金净额		
第 16 行	处置子公司或其他营业单位取得的现金	1 900 000.00	
第 17 行	收到其他与投资活动有关的现金		
第 18 行	投资活动现金流入小计	1 950 000.00	
第 19 行	投资支付的现金		
第 20 行	取得子公司或其他营业单位支付的现金	727 000.00	
第 21 行	购买固定资产、无形资产和其他长期资产支付的现金净额	500 000.00	
第 22 行	支付其他与投资活动有关的现金		
第 23 行	投资活动现金流出小计	1 227 000.00	
第 24 行	投资活动产生的现金净额	723 000.00	
第 25 行	三、筹资活动产生的现金流量		
第 26 行	吸收投资收到的现金		
第 27 行	取得借款收到的现金	800 000.00	
第 28 行	收到其他与筹资活动有关的现金	200 000.00	

续表

行次	项目	本期金额	其他说明
第 29 行	筹资活动现金流入小计	1 000 000.00	
第 30 行	偿还债务支付的现金	490 000.00	
第 31 行	分配股息、红利或偿付利息支付的现金	10 000.00	
第 32 行	支付的其他与筹资活动有关的现金	300 000.00	
第 33 行	筹资活动现金流出小计	800 000.00	
第 34 行	筹资活动产生的现金净额	200 000.00	
第 35 行	四、汇率变动对现金及现金等价物的影响	—	
第 36 行	五、现金及现金等价物净增加额	1 120 000.00	
第 37 行	加：期初现金及现金等价物余额	880 000.00	
第 38 行	六、期末现金及现金等价物余额	2 000 000.00	

现金流量表中的项目是自上而下排列的，各个项目给出的数值及增减关系一目了然。现金流量表的主体由经营所得产生的现金流量、投资活动产生的现金流量以及融资活动产生的现金流量等三部分构成。其中，投资者要特别注意以下几个科目。

1. 现金流量表中的“销售商品、提供劳务收到的现金”

该科目反映的是当期因销售商品、提供劳务收到的现金。这里有两层含义：其一，因销售商品、提供劳务而形成的，企业其他业务形成的收入不能列入本项目；其二，当期收到的现金，该现金是当期收回到账的，即使当期已经签订了销售合同，开具了发票，但现金没到账，仍然不能列入当期数据；反之，即使是前几期形成的收入当期到账，也要列为当期收入。

企业实际收到现金的能力，反映了企业在市场竞争中所处的位置（优势越明显，收到现金的能力就越强）及商业信誉情况（信誉良好，则获得投资和融资的现金也会更多）。总之，企业实际收到现金的能力，也是企业整体盈利能力的一部分。

企业在销售货物或提供劳务活动时，大多有欠款或预收账款，使得该项目的金额总是与利润表中的营业收入存在一定的出入，投资者不必过分纠结两者之间的差异。

2. 现金流量表中的“收到的其他与经营活动有关的现金”

该科目作为企业“销售货物、提供劳务收到现金”的补充，是一个需要投资者特别注意的科目。很多企业为了粉饰现金流量表，给投资者一种经营现金流充裕的假象，会在这个科目上做文章。很多炒股软件抓取的财务数据项目中，并没有“收到的其他与经营活动有关的现金”这一科目，投资者可通过查看上市公司财务报告了解具体的数字。同时，还要知道这些现金的来源，判断企业是不是为了粉饰报表而暂时引入的现金。

这里提醒投资者一下，尽管炒股软件给出了各家上市公司的大部分财务指标和指标变动的解释，但毕竟不是完整的财务报告。投资者要想对企业财务情况进行全方位的了解，还要看一看这些企业完整的财务报告。当然，还有会计师事务所和相关董事出具的意见。若某公司的财务报告被会计师事务所出具了“无法发表意见”“保留意见”等字样的意见，则这类企业就不应该成为备选标的股。

3. 现金流量表中的“经营活动产生的现金净额”

这是整个现金流量表中最重要的一个科目。经营活动产生的现金净额为正值，说明经营活动产生的现金流入量大于现金流出量；反之，则说明经营活动产生的现金流入量小于现金流出量。通常情况下，一家正常经营的企业，其经营活动产生的现金净额应该是正值。只有经营活动产生的现金净额为正值，才能满足企业支付股息、利息、投资等需求。若企业经营活动产生的现金净额长期为负值，则企业必须采取扩大举债规模、削减投资规模、动用盈余积累等措施，这都可能导致企业未来盈利能力不足，这也说明企业的经营情况不理想，这类企业也很难成为候选标的股。

第二节　财务报表中资产的计量

在价值投资领域，财务报表中的基础资产数据是很难直接用来核算股票内在价值的，投资者需要针对财务报表中的相关数据进行再处理。

一、资产负债表中资产的再计量

前面提到过，在企业的资产负债表中，投资者需要关注企业的资产、负债、应收账款、其他应收款等信息。通过对这些数据的掌握和了解，投资者可以获得更为真实的企业资产数据。不过，在价值投资范畴，上述计量远远不够，企业拥有的资产并不等同于可运营的资产，也并不都是有价值的资产。

1. 净运营资产

该指标是首创价值投资理论的格雷厄姆最推崇的一个数据指标。该指标的计算方法如下：

净运营资产 = 流动资产 – 所有负债

在格雷厄姆的理论体系中，流动资产是变现能力最强的资产，而用流动资产减掉负债，就是企业真正的运营资产，即能够用来获取利润的资产。资产负债表中，常规的资产数据可靠性越来越低，投资者很难真正了解企业的资产情况，通过关注净运营资产，则可以获得相对可靠的数据。由于当下企业都喜欢运用财务杠杆进行经营活动，因而净运营资产为正值的企业并不是很多，但很多超级绩优股确实属于净运营资产为正值的企业。

比如，医药领域的超级大牛股恒瑞医药，根据该公司 2018 年度财务报表中的数据：截至 2018 年年底，该公司的流动资产总额为 180.69 亿元，非流动资产总额为 42.92 亿元，而负债总额仅为 25.63 亿元。

则该公司的净运营资产为 180.69 – 25.63=155.06 亿元。

该公司的资产中，流动资产占比极高，且该公司的负债总额又很低，这就是典型的极具价值的投资标的，这也是该公司的股票总是获得各大基金和机构青睐的原因。

再举一个例子。很多人查看钢铁企业的资产负债表，觉得钢铁企业的资产价值较高，而股价却很低，于是将这一行业看成理想的价值投资标的。下面以宝钢股份为例进行说明。

截至 2019 年 9 月底，宝钢股份每股净资产为 7.84 元，而其股价到 9 月底时还不足 6 元，也就是说，该股属于典型的跌破净资产的股票。再来看该股的净运营资产情况。截至 2018 年年底，该股流动资产总额为 1 200.89 亿元，非流动资产总额为 2 150.52 亿元，负债合计为 1 458.96 亿元。

则该公司的净运营资产为 1 200.89 – 1 458.96= – 258.07 亿元。

将该公司的净运营资产与恒瑞医药的资产进行对比，投资者就会发现基金公司偏爱恒瑞医药公司的原因。

当然，按照这种严格的内在价值计算方法，恒瑞医药的内在价值也不会超过每股 5 元，这与当前的股价存在巨大的差距。

2. 清算价值

清算价值是指企业变卖所有资产、清偿所有债务后剩余的资产净值。在清算价值的计算中，除了货币资金和金融资产能够按照原值计算外，很多资产都要进行减计。也就是说，很多资产在变卖时，都不可能获得原值。

应收账款，由于该科目回收的比例可能会较大，因而一般按 15% 到 25% 减计。也就是说，100 万元的应收账款还可以按 75 万元到 85 万元的标准计入资产项目。

存货就不一样了，企业清算时，存货必须大幅削价才能变卖出清，因而一般按 50% 到 75% 减计。也就是说，100 万元的存货只能按 25 万元到 50 万元的价值计入资产。

固定资产的计量可以比照存货项目进行，即账上 100 万元的固定资产，只能按 25 万元到 50 万元的数额计入资产。

其他很多资产都会被列入无价值资产，如无形资产、商誉。

下面以 2018 年年度报表为例，重新计量一下宝钢股份的清算价值，如图 6-5 和图 6-6 所示。

流动资产(元)	
货币资金(元)	**169.59亿**
以公允价值计量且其变动计入当期损益的金融资产(元)	20.25亿
应收票据及应收账款(元)	418.26亿
其中：应收票据(元)	291.30亿
应收账款(元)	126.96亿
预付款项(元)	63.28亿
其他应收款合计(元)	31.76亿
其中：应收利息(元)	1422.60万
其他应收款(元)	--
存货(元)	415.05亿
一年内到期的非流动资产(元)	--
其他流动资产(元)	77.68亿
流动资产合计(元)	1200.89亿

图 6–5　流动资产科目

非流动资产(元)	
可供出售金融资产(元)	126.37亿
持有至到期投资(元)	--
长期股权投资(元)	189.85亿
投资性房地产(元)	4.67亿
固定资产合计(元)	1507.18亿
其中：固定资产(元)	--
在建工程合计(元)	77.65亿
其中：在建工程(元)	--
工程物资(元)	--
无形资产(元)	123.14亿
商誉(元)	5.24亿
长期待摊费用(元)	13.93亿
递延所得税资产(元)	28.97亿
其他非流动资产(元)	14.68亿
非流动资产合计(元)	2150.52亿

图 6–6　非流动资产科目

（1）计算流动资产科目。

货币资金和金融资产是可以以原值计提的：169.59+20.25=189.84 亿元。

应收票据及应收账款按减 20% 计提：418.26 ×（1 – 20%）=334.61 亿元。

预付账款和其他应收款按减 20% 计提：（63.28+31.76）×（1 – 20%）=76.03 亿元。

存货按减 50% 计提：415.05 ×（1 – 50%）=207.53 亿元。

其他流动资产很难评估，按减 50% 计提：77.68 ×（1 – 50%）=38.84 亿元。

流动资产科目下的资产重新评估价值为 846.85 亿元，该数字与财务报表中的 1200.89 亿元还是有些差距的。

（2）计算非流动资产科目。

可供出售的金融资产和长期股权投资按原值计提：126.37

+189.85=316.22 亿元。

投资性房地产，这是一个不好评估的项目，有些城市的实际价值远远高于账面价值。这里按账面价值计提，即 4.67 亿元。

固定资产和在建工程按减 50% 计提：（1507.18+77.65）×（1 – 50%）=792.42 亿元。

其他项目包括无形资产、商誉、长期待摊费用、其他非流动资产全部按 0 元计提。则非流动资产的重新评估价值为 1 113.31 亿元。

重新评估后，该公司的资产总额为：846.85+1 113.31=1 960.16 亿元。

截至 2018 年年底，该公司的负债总额为 1458.96 亿元。重新评估后，该公司的净资产为 1 960.16 – 1 458.96=501.20 亿元。截至 2018 年年底，宝钢股份的总股份为 222.74 亿股，则每股净资产约为 2.25 元。也就是说，以 2018 年年底的资产计，若宝钢股份的股价跌破 2.25 元，则说明该股股价远远低于清算价值。

二、利润表中需要关注的项目

在投资过程中，投资者喜欢通过利润表中的各个项目来推算企业利润产生的过程，即通过营业收入减去营业成本来计算净利润数据。

在实际投资过程中，有以下几个问题需要重点关注。

1. 账面利润而非现金利润

按照目前的会计准则，在利润表中体现的数据可计入收入与支出项目，而不一定是现金流入与流出。比较典型的项目如当期形成的应收账款，也要被列入营业收入的项目。也就是说，利润表给出的数据显示了企业账面利润形成的过程，而非真实的现金利润。

2. 现实的利润结构

营业收入减去营业成本就是营业利润，而利润表表现出的信息更为复杂和丰富。营业成本的构成反映了其投入的方向。销售费用、管理费用以及研发费用看似分类简单，却反映了企业重要的投入方向。对于一家企业而言，若销售费用连连走高，而研发费用并未提升，则说明企业的营收主要靠营销推动（比如广告）而非产品本身，企业未来的竞争力可能难以跟上企业的发展；反之，若研发费用连续走高，说明企业为了未来的发展比较舍得投入，未来的发展前景可能更为光明。若企业没有收购或兼并等行为，管理费用却居高不下，则可能属于企业内部成本控制不力的情况，这都有很大的改进空间。

3. 一次性计提费用

营业外收入与支出项目也是投资者需要重点关注的项目。一些上市公司为了未来几年财务报表更好看，可能会在某一年将亏损数据做大，然后隐藏部分利润，在未来几年逐渐释放。站在企业的立场来看，当企业经营效益不佳时，可能会将亏损数据做大，充其量也就是影响当前的股价。之后逐渐将隐藏的利润释放，这样，该企业未来几年就会表现出积极的发展势头。

这些企业在计提损失时，往往会通过营业外支出、资产减值或信用减值等方式一次性计提企业的亏损额。投资者在分析企业的利润表时，应该特别注意这几个项目，尝试将这些亏损数额分摊到其他年份，以利于准确计量企业的价值。

三、现金流量表中的关注点

按照格雷厄姆的价值投资理论学说，现金流量的重要性要低于资产负债表和利润表，这主要是因为单纯的现金流入很可能会隐藏很多假象，根本无法揭示企业现金流动背后的资产价值。不过，当今的价值投资理论实践者中有相当大的一部分仍非常热衷于对现金流量表进行研究，毕竟现金才是握在手中最真实、最实在的东西。

需要提醒的是，现金流数据中的现金净流入也不是可以直接用来计量企业资产价值的指标，投资者还需根据企业现金流入数据，以及为获得该部分现金流入不得不进行的投资做出分解，进而得出可支配的现金流（即自由现金流）。不能简单地根据一年内的现金流为企业计算价值，而要预测未来几年的现金流情况，并对其进行折现（因为未来的 100 元钱与现在的 100 元钱的价值是不一样的，资金都是有成本的），这就需要引入自由现金流贴现模型等工具，后面章节会详细介绍。

也有一些企业为了粉饰现金流量表，会在年底突击增加现金流入量，使得现金流量表信息失真。总之，单独凭借某一表单核算企业价值，都是存在一定风险的。

四、无形资产的再计量

企业拥有的资产中，无形资产是最难确认的。无形资产包括商标权、专利权以及特许经营权等资产。资产负债表中的“商誉”项目，尽管也是无形的，但不属于资产项目，也不属于无形资产，所以只能单列。

一般情况下，除非发生交易，否则企业的无形资产很难进入企业的资产负债表中。也就是说，企业资产负债表中缺失了很大的一块资产——无形资产。特别是一些名牌企业、老字号企业，其品牌资产价值极高，但又无法在资产负债表中准确计量。在目前的企业资产负债表中，低估企业商誉价值的情况很多。

商誉，是企业在收购或兼并过程中高于资产价值的溢价部分。比如，一家被收购的企业，其评估价值为 10 亿元，而收购方想要 10 亿元收购，几乎是不可能的，于是不得不开出 15 亿元甚至更高的价格完成收购活动，那么，这个高出 10 亿元的款项就会被计入商誉。由于商誉是一种因溢价收购形成的资产，当被收购企业带来的收益无法达到预期时，就面临着商誉减值的问题，即通常所说的“商誉暴雷”。因此，投资者在查看投资标的的资产负债表时，对商誉价值较高的企业要谨慎对待，保守估值。

第七章

衡量股价的高低——相对估值法

以财务指标为基础的估值方法，仍是股票估值方法中的主流。目前，经常使用的股票估值方法包括以市盈率为核心的估值方法、以市销率为核心的估值方法以及以市净率为核心的估值方法等。这些方法只能大致推算股票价格的相对高低，因而常常被称为相对估值法。

第一节 相对估值法的原理与操作方法

相对估值法，从字面意义上来看，就是寻找相对便宜的股票。评价的方法和评价的对象，就是这个方法用到的核心要件。

一、解读相对估值法

打个比方，你要买一件商品，肯定希望能便宜一些，但是，这种便宜要看是怎么比较出来的，是与商品原价相比，与其他同类商品相比，还是与其他人买到的相同商品相比？这就是相对估值法要解决的问题。

相对估值法包括以下内涵。

第一，比较，是股票价值判断的基础。每种相对估值法都有一个比较的对象，比如，市净率法中，是以股票价格与每股净资产进行对比；市盈率法，是将股票价格与每股收益进行对比。通过对比两个核心数值，投资者可以看出一种数值相对另一种数值的高低。当然，通常这种对比并不能作为股票价格高低的判断依据，投资者还需要与同类股票的比值进行对比，才能看出自己所选股票价格的高低。也就是说，比较是相对估值法的核心。

第二，关注企业核心资产或竞争能力。无论比较的内容如何变化，总是离不开股票的收益、资产、价格以及营收等项目内容，这些项目正是一个企业核心竞争能力的外在表现。换句话说，在比较这些项目时，也是在寻找股票价格与其内在核心竞争能力相背离的标的。若一只股票的竞争力很强，比如营收或净利润增速强劲，股价却相对便宜，这就是我们要选择的投资标的。

第三，属于动态对比，而非静态对比。无论是市盈率、市净率还是市销率，都不会告诉投资者低于多少倍应该买入，或高于多少倍应该卖出，而是要求投资者结合市场环境来判断比值的高低。通常情况下，在牛市中，市盈率、市净率等普遍都比较高；在熊市中，市盈率、市净率普遍较低。因而，投资者必须根据市场环境做出判断。

二、相对估值法的操作程序

在实际应用过程中，相对估值法一般需要遵循如图 7-1 所示的几个步骤。

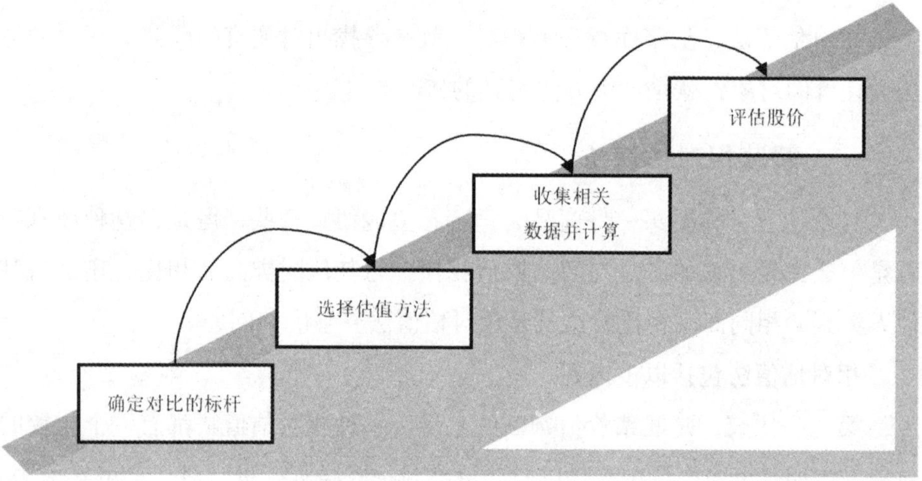

图 7–1 相对估值法操作程序

第一步：确定对比的标杆。

相对估值法需要将候选投资标的与标杆企业进行对比，这样才能判断股价的高低，这时，选择可对比标杆就是股票价格评估的关键。若投资者选择的对比标杆本身价格很高，则可能造成评估结果不准确。

通常情况下，投资者在选择可对比的标杆时，需要注意以下几个问题。

（1）优先选择行业内的超级龙头股或绩优股作为对比标杆。这些企业的股票通常会有很多大型基金或投资机构驻扎，估值相对合理。

（2）避免在行业标杆出现价格异动时，将其列为对比标杆。比如某只股票因为特别重大的利空或利多事件，导致股价出现大幅下跌或上涨，此时，这些股票的估值已经出现了偏差，再以这类股票作为对比标杆，很容易出现问题。

（3）尽量选择那些属于同行业，且产品、规模、盈利能力与候选标的企业相近的企业作为标杆。候选企业与标杆企业近似度越高，这种对比就越有意义。

（4）在选择标杆企业时，可以先筛选 3 到 5 家企业，然后再进一步筛选至 2 到 3 家。总之，可对比的标杆企业不能太多，否则投资者会无所适从。

第二步：选择估值方法。

通常情况下，相对估值法包括市盈率法、市净率法、市销率法以及 PEG 法等，投资者可根据行业特点或个人偏好选择某种方法作为股价的评估方法。

第三步：收集相关数据并计算。

这并不是让投资者简单地将市盈率或市净率等指标进行对比，而是要投资者全方位地收集企业的运营与竞争性数据。具体来说，需要收集的资料包括以下几个方面。

（1）候选投资标的企业与标杆企业每股收益对比信息。

（2）候选投资标的企业与标杆企业行业地位对比。

（3）候选投资标的企业与标杆企业产品（技术）信息对比。

（4）候选投资标的企业与标杆企业经营情况对比。

（5）候选投资标的企业与标杆企业核心竞争优势对比。

第四步：评估股价。

通过与标杆企业相关指标进行对比，结合已经收集到的各方面信息资料，判断候选标的当前股价存在低估还是高估。若股价存在一定的低估，则可择机入场。

具体的估值方法包括以下两种。

（1）借助估值指标，对比估值倍数。比如，标杆公司的市盈率为 30 倍，那么，候选标的的市盈率是否高于 30 倍。结合收集到的相关数据，候选标的是否应该向上或向下调整估值倍数等。

（2）对照标杆企业的估值倍数，计算候选标的的目标股价。比如，标杆企业的市盈率为30倍，结合收集到的候选标的资料，将候选标的的市盈率调整为25倍比较合适，投资者可用候选标的最近年度的每股收益乘以25倍市盈率以获得目标股价。

三、相对估值法使用要点

作为目前应用比较广泛的估值方法，相对估值法有很多值得借鉴的地方，但也存在一些先天不足。概括起来，有以下几个方面。

第一，以每股收益或净资产等财务数据作为估值依据，容易受企业一次性收益或损失的影响。比如，企业在某一年度因某些原因收到了一大笔收益，而这笔收益又不具有可持续性，这就可能造成企业该年度市盈率下降，使得投资者产生该股股价被低估的判断。因此，在收集企业财务数据时，投资者必须尝试减少这种一次性损益的影响。

第二，相对估值法使用的分析方法都是以企业账面价值作为基准的，但应收账款、商誉等项目形成的资产并非真实的现金，且并不一定能换来真实的现金，因此，投资者在实际操作中，必须预防应收账款过高或商誉过高等问题。

第三，通常情况下，投资者不能单独使用一种相对估值法就做出交易股票的决策，而要通过多种方法互相佐证。毕竟，相对估值法获得的结论是相对的，并非精确的高估或低估结论。

第二节 市盈率估值法

市盈率反映了按照当期股票的收益，需要多少年能够收回投资成本。例如，以上一年度每股收益为依据，一只股票的市盈率为20倍，则说明按照该股上一年度的每股收益计算，投资者需要20年才能拿回买入股票的成本。

一、动态市盈率与静态市盈率

以市盈率为核心的估值方法，仍是目前股票估值的主流方法。该方法以股票的每股盈利额度和每股市价为核心，其基本计算公式为：

市盈率＝股价 / 每股收益

在计算市盈率时，股价通常以最新成交价或报价为准，而每股收益则以上一年度的每股收益为计算依据。也就是说，随着股价的波动，市盈率会随之不断变动。

市盈率分为动态市盈率和静态市盈率两种，通过炒股软件调出个股基本财务指标，投资者就能看到这两个指标，如图 7-2 所示。

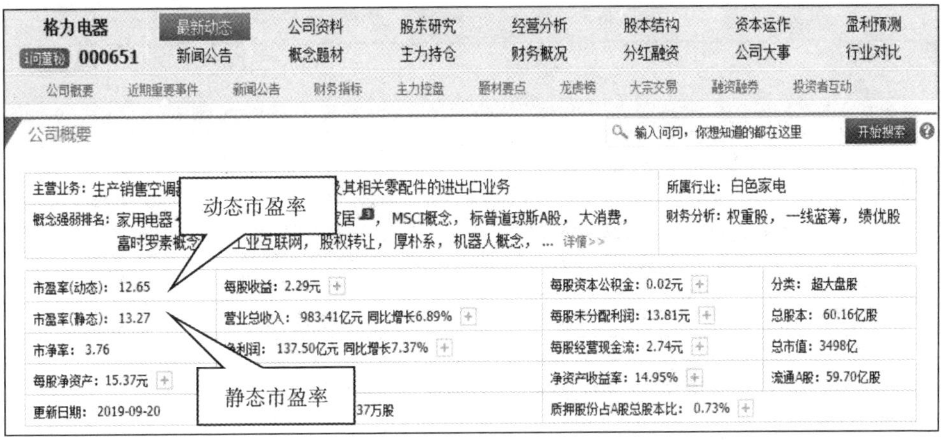

图 7-2 格力电器（000651）基本财务数据

1. 静态市盈率

静态市盈率，就是通常所说的市盈率，是通过将最新股价与上一年度每股收益相除而获得的。静态市盈率反映的是以当前的盈利状态，投资者收回投资成本需要多少年。通常情况下，市盈率越低，说明投资者可以用更短的时间收回投资，股票的投资价值越大。不过，在具体实战中，并不能简单地按照市盈率的高低来选择股票。

第一，行业不同，判断市盈率高低的标准也不同。比如，银行业的市盈率普遍较低，不能因此断定所有的银行股票都是最具有投资价值的。创业板的股票普遍存在高市盈率的状况，这一方面是因为创业板股票属于市场上的稀缺品，存在一定的溢价；另一方面则是由于创业板股票往往被认为具有较高的成长性，市场资金愿意接受其高市盈率。

第二，从反向来看待市盈率高低更能说明问题。一些高市盈率的股票得以存在，且涨势更好，说明市场资金愿意接受其高溢价，未来这类股票也可能会继续上升。因此，投资者通过市盈率选择股票时，必须学会辩证地思考，不能一概而论。

下面来看格力电器的财务数据，如图 7-3 所示。

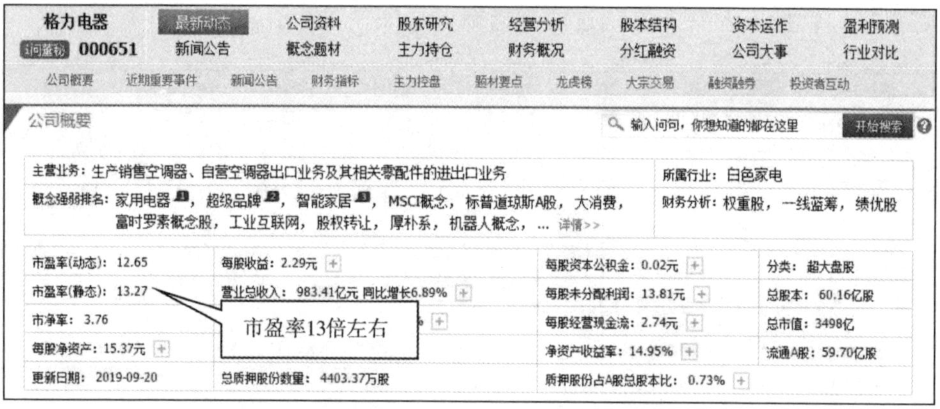

图 7-3 格力电器（000651）基本财务数据

格力电器的市盈率在 13 倍左右，也就是说，投资者要想通过该股的每股盈利来收回投资成本，大约要用 13 年的时间，当然，这不包括红利税等因素。其实，在 A 股市场上，这只股票的市盈率应该算是很低了。下面再观察一下该股的日 K 线走势图，如图 7-4 所示。

格力电器的股价自 2018 年 12 月 25 日的 33.25 元启动上升，至 2019 年 4 月 19 日，该股已经创下了 63.90 元的高点。也就是说，在几个月的时间里，该股的股价翻了将近一番。其实，这也说明该股的低市盈率引来了很多投资者追涨的热情。不过，不能认为只有低市盈率的股票才是值得投资的，有时候高市盈率的股票，恰恰是获得市场充分认可的标的。但也并不意味着市盈率越高越好，很多短线暴涨股，其上涨至顶部区域时，总是会出现高市盈率。

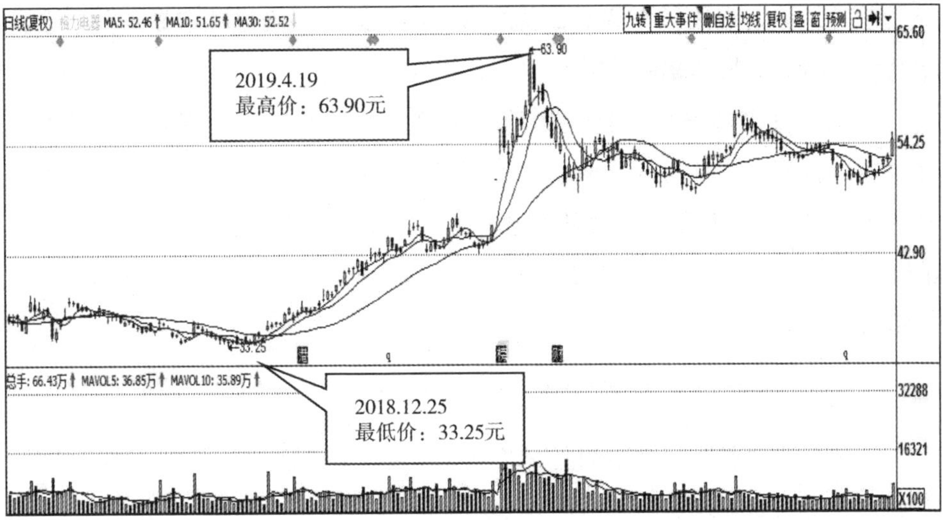

图 7–4　格力电器（000651）日 K 线走势图

2. 动态市盈率

动态市盈率是以静态市盈率为基准，经过动态调整而获得的，其计算公式如下：

动态市盈率 = 静态市盈率 × 动态系数

其中，动态系数 =1/（1+i）^{n}；i 为每股收益的增长性比率，n 为企业可持续发展的持续期。

每股收益的增长性比率，可以根据企业以往的每股收益增长率进行估算，同时，还要对企业维持该增长率的年限进行预测。例如，预估某企业的每股收益增长率在未来 5 年能维持在 20% 左右，且当前该股的市盈率为 50 倍，那么，该股的动态市盈率为：

动态市盈率 =50 × [1/（1+20%）^{5}]

=50 × 0.4

=20

也就是说，一只股票若能持续 5 年保持 20% 左右的增长率，那么，其当前的 50 倍静态市盈率 5 年后只相当于 20 倍动态市盈率。20 倍市盈率，对于大多数股票来说都是可以接受的一个市盈率倍数。由此可见，投资者在选择股票时，一定要选择那些能够持续成长的股票，尽管这些股票的静态市盈率暂时较高，但长远来看，其市盈率并不算高。

目前，很多炒股软件标注的动态市盈率并不是按照上述算法计算的，而是通过将最近一期每股净收益推算至全年收益，进而计算得出的。例如，某只股票第一季度的每股收益为 0.5 元，则系统会默认按照全年每股收益 0.5 × 4=2 元的基数计算动态市盈率。这种算法比较简单，但非常不科学，没有多大的实际意义。

二、应用市盈率测算股票的目标价格

应用市盈率测算股票的目标价格时，需要依托三个基本要素：每股收益、市盈率以及预期未来的净利润增长率。

每股收益，是测算市盈率和股票目标价格的基础，也是进行股票投资需要参照的最重要的一个指标。大多数炒股软件的【财务概况】页面，都会给出当期的每股收益数据。投资者借助【F10】功能，在【财务概况】选项卡内点击【财务指标】，就可以看到每期核心的财务指标数据，如图 7-5 所示。

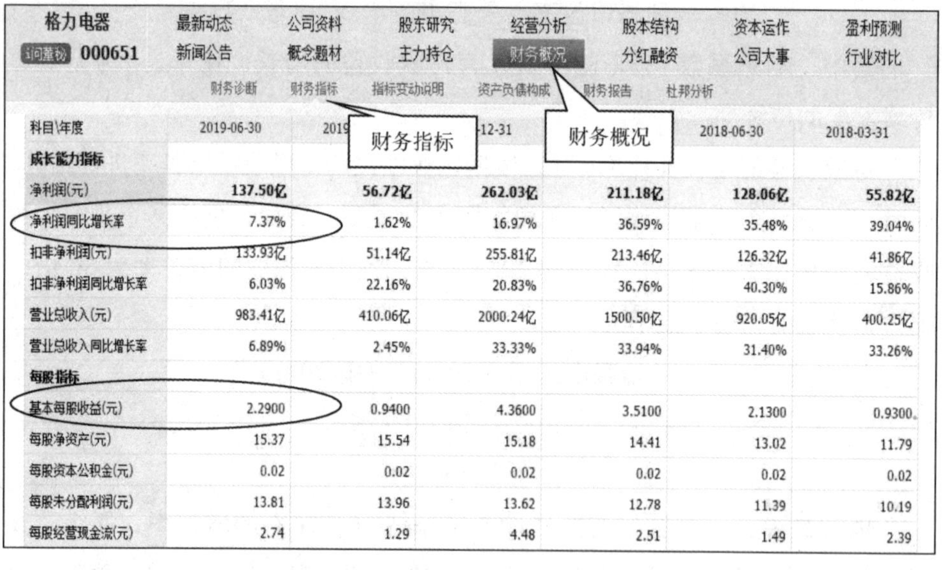

科目\年度	2019-06-30	2019	-12-31		2018-06-30	2018-03-31
成长能力指标						
净利润(元)	**137.50亿**	**56.72亿**	**262.03亿**	**211.18亿**	**128.06亿**	**55.82亿**
净利润同比增长率	7.37%	1.62%	16.97%	36.59%	35.48%	39.04%
扣非净利润(元)	133.93亿	51.14亿	255.81亿	213.46亿	126.32亿	41.86亿
扣非净利润同比增长率	6.03%	22.16%	20.83%	36.76%	40.30%	15.86%
营业总收入(元)	983.41亿	410.06亿	2000.24亿	1500.50亿	920.05亿	400.25亿
营业总收入同比增长率	6.89%	2.45%	33.33%	33.94%	31.40%	33.26%
每股指标						
基本每股收益(元)	2.2900	0.9400	4.3600	3.5100	2.1300	0.9300
每股净资产(元)	15.37	15.54	15.18	14.41	13.02	11.79
每股资本公积金(元)	0.02	0.02	0.02	0.02	0.02	0.02
每股未分配利润(元)	13.81	13.96	13.62	12.78	11.39	10.19
每股经营现金流(元)	2.74	1.29	4.48	2.51	1.49	2.39

图 7-5 格力电器（000651）核心财务指标

未来的净利润增长率，是一个非常关键的指标，也是对一只股票估值的关键指标。未来净利润增长率的确认需要结合以下几点。

第一，该只股票的历史净利润增长率。比如，一只股票在之前 5 年都保持了 25% 左右的净利润增长率，则投资者就可以以 25% 的增速测算每股净收益的变化情况。

第二，判断该只股票有无业绩拐点出现。例如，某只股票在之前的几年内保持了 40% 左右的增长率，但是某一年直接下降至 10%，甚至出现了负数，则需要重新评估该企业的成长情况。投资者不能将历年增长率做一个简单的算术平均。如果某一企业在某年上市了新产品，并开始带动净利润大幅上升，则需要将预测的净利润增长率适当调高。

总之，在预测股票未来的增长情况时，无法做到精准，只要大致符合企业发展的趋势即可。

最后一个指标就是前面提到的市盈率指标。投资者需要为某只股票划定一个大致的市盈率变动区间，即当股票的市盈率低于区间下限时（如 15 倍）可考虑建仓，当股票的市盈率高于某一上限时（如 30 倍），可开始减仓。不过，由于所处行业不同，市盈率水平也存在一定的差别。投资者在研判个股的市盈率水平时，可以参照行业平均水平。例如，当个股的市盈率水平明显低于行业平均水平时，可看成较佳的买入时机；反之，则可考虑减仓操作。

下面以格力电器为例进行简单的股票估值。

2018 年格力电器每股收益为 4.36 元，在过去的 3 年时间里，该股的每股收益增长率保持在 15% 以上。2019 年 8 月，格力电器公布的年中报显示，每股收益为 2.29 元，比上一年度同期上升了 7.37%。通过解读财务报表可知，该股业绩增速缓慢与企业规模过大、增收愈发困难有关。

2019 年 6 月，家用电器的平均市盈率为 16.5 倍左右。此时，格力电器的股价为 58 元左右，市盈率约为 13 倍。说明与行业同类企业相比，格力电器仍具有较佳的投资价值。

不过，若按照该股年中报的每股收益 2.29 元测算，可以大致预判 2019 年的每股收益约为 2.29 元 ×2=4.58 元（空调作为格力电器的主要产品，一般上半年的销量较高）。若以 4.58 元的每股收益和行业平均市盈率 16.5 倍为基准，则可测算出该股到 2019 年年底的目标股价。

目标股价 =4.58 元 ×16.5 倍 =75.57 元

也就是说，当前的股价存在一定的低估。

以半年报 7% 左右的增长率为年度增长率，以 2018 年每股收益 4.36 元为基准，可以大致预估 2019 年的每股收益。

2019 年的每股收益 =4.36 元 ×（1+7%）=4.665 元

然后可以大致推算出 2019 年年底的股价。

目标股价 =4.665 元 ×16.5 倍 =76.97 元

若考虑年底结算的因素，按照 10% 左右的增长率，以 2018 年每股收益 4.36 元为基准，则可大致预估 2019 年的每股收益。

2019 年的每股收益 =4.36 元 ×（1+10%）=4.796 元

然后可以大致推算出 2019 年年底的股价。

目标股价 =4.796 元 ×16.5 倍 =79.13 元

即使按照下线保守估计股价，格力电器的股价也存在一定的低估。该股股价当前低于目标价，是值得购入的目标标的。

三、市盈率估值法操作要点

投资者使用市盈率法对股票估值时，需要注意以下几个要点。

第一，单纯地看个股市盈率高低意义并不大。行业不同，企业所处的发展周期不同，甚至市场环境不同，企业的市盈率高低都会有所不同。一些高速成长的个股，市盈率普遍较高，钢铁、煤炭等传统行业的市盈率普遍较低，但不能据此认为这些传统行业的股票更具投资价值。

第二，行业平均市盈率是一个非常重要的标尺。如果一个行业的平均市盈率为 20 倍，而候选标的企业的市盈率不到 15 倍，且该企业的竞争力较强，可以认为该企业具有较为明显的估值优势；反之，若候选企业的市盈率已经达到 30 倍，则需尽量远离这类企业。若个股确实是行业内的龙头股或绩优股，当股价涨幅较大时，也需要适当减仓。

第三，个股的历史市盈率也是一把不错的标尺。通过了解个股历史上最低点的市盈率水平，可以知道这只个股在何种市盈率水平下会止跌企稳或反向下行。但历史低点或高点的形成可能是由多种原因促成的，投资者需要作深入研究，不能单凭一个信号就买入或卖出。

第四，通过对行业内核心对照标的或相关对照标的的市盈率进行对比，研判目标个股的市盈率水平高低。比如，投资者想要投资家电领域的股票，那么可以将家电行业内的几只龙头股的市盈率进行汇总，并判断候选标的的市盈率水平在这些企业中处于何种水平。表 7-1 为截至 2019 年 12 月初，几只典型的家电龙头企业市盈率对照表。

表 7–1　白色家电企业市盈率对照表

标的企业名称	股价（元）	每股收益（元）	总营收（亿元）	市盈率
格力电器	60.80	4.36	2 000	13.95
美的集团	54.53	3.08	2 618	18.74
海尔智家	16.93	1.21	1 833	14.6
苏泊尔	71.46	2.04	178.5	35.4

从表 7-1 中可以看出，家电行业的龙头股票市盈率都比较低，只有苏泊尔的市盈率水平相对较高。从总营收上来看，前 3 个家电龙头的营收都在 2 000 亿元左右，而苏泊尔的营收不足 200 亿元，说明苏泊尔的发展空间可能远远大于其他企业，因而，市场也愿意赋予其较高的市盈率。

第五，最新的市盈率应该来自最新的每股收益。通常情况下，我们获得的市盈率数据都是按照当前的股价除以上一年度每股净收益获得的。事实上，每个季度结束后，企业都会发布最新的季度财报。投资者可以使用最新的每股收益数据替换之前的数据。当然，这并不是按照前面动态市盈率的算法预测本年度的每股收益，而是将最新的季度数据加上上一年度的季度数据（比如两个季度或三个季度），构成连续四个季度的数据。比如，最新的半年报出来后，投资者可用本年度上半年的每股收益数据，加上上一年度下半年的每股收益数据（需要用全年每股收益数据减掉上半年的每股收益数据），合成最新的年度每股收益数据。

第三节 以市销率为核心的估值

目前，以市盈率为核心的估值方法是使用最广泛的一种方法。不过，相对于一些市场占有率较高，成长性较强，但暂时净利润水平较低的公司而言，市盈率并非是最好的选择。于是，一些投资研究者开始使用市销率来代替市盈率。

一、市销率的计算

从历史经验来看，一些高新科技企业，在成长初期都经历了低利润时期，而且很多后来的大牛股也曾经历了一段低利润或负利润时期。正因如此，很多投资者开始倾向于使用市销率来代替市盈率估算股票的价值。

市销率的计算公式如下：

市销率 = 上市公司的市值 / 上一年度营业收入

市销率反映了投资者愿意为每 1 元营业收入支付的购买股票的成本。市销率指标对于评估一个处于成长初期的企业具有重要的价值。比如，很多初创企业为了迅速抢占市场份额，往往会采取暂时牺牲利润的方法，待企业的市场占有率提升到一定水平，甚至达到了垄断地位后，再反向提升净利润水平。其实，很多互联网企业在初创时期多会采用这种策略，特别是很多新兴产业的公司，为了抢夺客户，不惜采用支付补贴的方式抢占市场。这些企业的财务报表有一个显著的特征，即营业收入快速增长，而净利润水平相对较低，甚至会出现亏损。若按照市盈率进行估值，这类企业的股价可能会极低，但是其营业收入增长又支撑了其高股价。

通常情况下，相对于净利润，企业的营业收入更具有稳定性，这就为评估企业的长期价值提供了一个重要的参考。下面以美的集团为例进行说明。

美的集团 2018 年的销售收入约为 2 600 亿元，相比上一年度增长了 8%。2019 年 6 月，美的集团的市值为 3 550 亿元。那么，该股的市销率为：

市销率 =3 550/2 600=1.37 倍

目前，消费板块股票的市销率普遍较低，特别是一些龙头股，市销率普遍在 3 倍以下（特殊股票除外）。因此，相对而言，美的集团在整个消费板块还是具有很强的估值吸引力的。

二、使用市销率测算股票的目标价格

应用市销率测算股票的目标价格时，需要依托 3 个基本要素：营业总收入、市销率以及预期营收增长率。

营业总收入，是应用市销率测算股票价格的基础。由于应用市销率测算的股票多数是正处于快速成长期的股票，而这些企业可能正处于一种以利润换市场的发展时期。也就是说，这些企业在这一阶段为了迅速扩大市场占有率，往往会牺牲一部分利润，因此这些企业的营收扩张很快，但利润水平相对较低。

下面以小米集团为例进行介绍。

小米集团是一家专注于智能硬件和电子产品研发的企业，同时也是一家专注于高端智能手机、互联网电视以及智能家居生态链建设的创新型科技企业。小米公司创造了用互联网模式开发手机操作系统、发烧友参与开发改进的模式。同时，与华为相似，小米也构建了一个依附于小米集团的生态产业链。目前，这个产业链还在不断地孕育其他更具创新型的企业。

小米集团 2018 年的营收为 1 749.15 亿元，截至 2019 年年中，小米集团的股票总数为 239.81 亿股。若以 2 倍市销率（通常情况下，国内上市企业的市销率都比较高，国外企业相对较低，美国上市公司的平均市销率为 1.7 倍，互联网企业则相对较高，有的高达十几倍。小米作为依托互联网起家的制造企业，2 倍市销率相对比较合理。当然，投资者也可以根据个人投资风险偏好适当调低或调高）为基准，预计小米集团 2019 年的营收总额将会接近 2 000 亿元，对应 239.81 亿股，则每股股价计算如下。

每股股价 =（2 000 × 2）/239.81=16.68（元）

若将人民币 16.68 元的股价折合为港币，约为 18.5 港元。也就是说，

2019年年底，若小米集团的营收规模突破2 000亿元，那么其合理估值约为18.5港元。打个七折仍有12.95港元。截至2019年11月底，小米集团的股价仍处于9港元的位置。也就是说，小米集团的股价存在一定的低估，未来有上升的可能。

三、市销率估值法操作要点

投资者使用市销率法对股票估值时，需要注意以下几个要点。

第一，行业不同，单纯地进行市销率对比没有意义。很多钢铁企业的市销率往往更低，例如，宝钢股份2018年的营业收入为3 050亿元，2019年6月，其市值仅为1 463亿元，也就是说，宝钢股份的市销率还不到0.5倍。但投资者不能仅仅因为市销率低而买入，而要考虑企业的发展周期。对于一家已经进入成熟期的企业来说，市销率的意义并不大，只对那些发展初期、净利润较低的企业才有意义。

第二，关注营收增长情况。通常情况下，一家企业的营收增速越快，市销率也会越高。没有营收快速增长的市销率意义并不大。

第三，与市盈率的应用方法相同，投资者在使用市销率时，也需要构建一系列股票组合，研究候选投资标的的市销率水平在这一股票组合中的相对位置。具体分析方法与市盈率相似，这里不再赘述。

第四节　市盈率相对盈利增长率

市盈率相对盈利增长率（PEG），是目前非常流行的一种股票估值方法。该方法兼顾了企业发展速度和收益两个重要的指标。

一、市盈率相对盈利增长率的计算

市盈率相对盈利增长率（PEG），是通过上市公司的市盈率除以净利润增长率获得的数值。该指标最先由英国投资大师吉姆·斯莱特提出，后来由美国投资大师彼得·林奇发扬光大。

其计算公式如下：

市盈率相对盈利增长率（PEG）= 市盈率 / 净利润增长率

吉姆·斯莱特将 1 看成 PEG 指标的重要临界值。当投资标的的 PEG 小于 1 时，才有投资价值，若能小于 0.5 则更佳。彼得·林奇也曾经指出，最理想的投资对象，其 PEG 值应该低于 0.5。PEG 值在 0.4 ~ 1 之间是安全范围。PEG 大于 1 时，就要考虑该股有被高估的可能。相比单纯的市盈率数值，PEG 指标更具有可操作性。在具体的实战操作过程中，投资者需要关注 3 个重要节点。

第一，历史 PEG 值。

投资者可计算目标标的以往 3 年的 PEG 值，获得一个历史数据，并为判断当前 PEG 值所处的位置提供依据。

第二，计算当前的 PEG 值。

当前 PEG 值用来研判目标标的处于当前价位是否具有投资价值，一旦发现目标标的的 PEG 值小于 1（小于 0.5 更好），则可考虑执行买入操作。

第三，预测未来的 PEG 值。

预测未来的市盈率和净利润增长率并不容易，投资者可借助其他投资研究机构给出的数值，也可根据企业以往的财务数据进行估算。当然，估算的数值并不要求十分精确。然后，投资者根据估算的数值计算未来的 PEG 值。

二、使用 PEG 指标测算股票的目标价格

下面是中科曙光的日 K 线走势图，如图 7-6 所示。

为了更准确地判断当前 PEG 值所处的位置，需要计算以往 3 年（2016 年到 2018 年年底）的 PEG 值，以及近几年内股价历史高点的 PEG 值和历史低点的 PEG 值。该股的财务数据如图 7-7 所示。

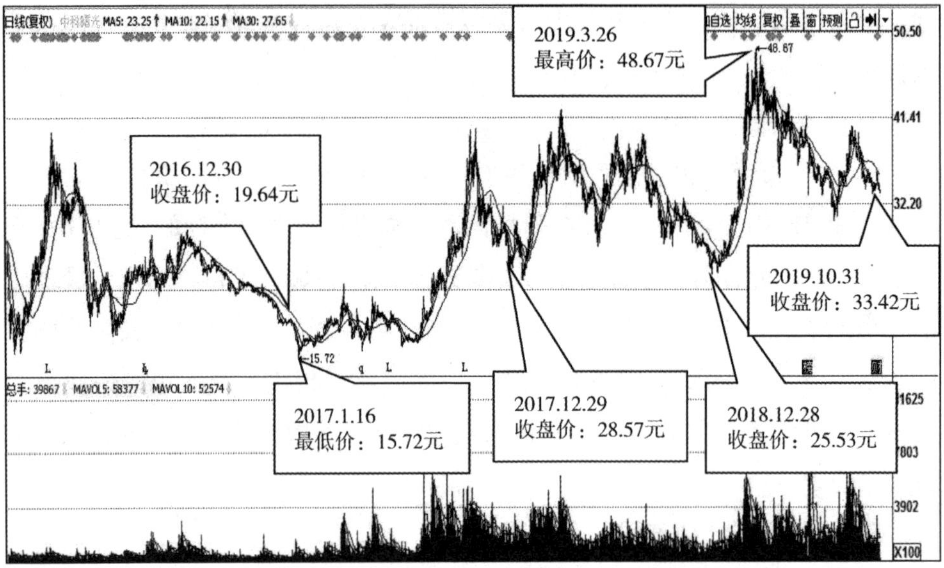

图 7–6 中科曙光（603019）日 K 线走势图

中科曙光 603019

最新动态 公司资料 股东研究 经营分析 股本结构 资本运作 盈利预测
新闻公告 概念题材 主力持仓 财务概况 分红融资 公司大事 行业对比
财务诊断 财务指标 指标变动说明 资产负债构成 财务报告 杜邦分析

按报告期 按年度 按单季度

科目\年度	2018	2017	2016	2015	2014	2013
成长能力指标						
净利润(元)	**4.31亿**	**3.09亿**	**2.24亿**	**1.77亿**	**1.16亿**	**9668.78万**
净利润同比增长率	39.43%	37.71%	26.77%	52.70%	19.81%	-36.14%
扣非净利润(元)	2.72亿	2.06亿	1.67亿	1.46亿	7348.38万	6907.01万
扣非净利润同比增长率	31.98%	23.04%	14.30%	99.16%	6.39%	-45.35%
营业总收入(元)	90.57亿	62.94亿	43.60亿	36.62亿	27.97亿	20.00亿
营业总收入同比增长率	43.89%	44.36%	19.06%	30.94%	39.86%	20.48%
每股指标						
基本每股收益(元)	0.6700	0.4800	0.3600	0.5900	0.4900	0.4300
每股净资产(元)	5.69	4.89	4.52	4.47	3.94	3.18
每股资本公积金(元)	2.65	2.44	2.45	1.32	1.32	0.54
每股未分配利润(元)	1.86	1.33	0.97	2.00	1.51	1.51
每股经营现金流(元)	0.98	0.07	-0.38	0.10	0.10	0.85

图 7–7 中科曙光（603019）财务数据

可以根据财务报表中的数据，获得每个时间点的 PEG 值。2017 年 1 月 16 日的 PEG 值可以根据上年度（即 2016 年）每股收益计算获得。同理，2019 年 3 月 26 日的 PEG 值，也可以根据 2018 年度的每股收益计算获得，如表 7-2 所示。

表 7-2 PEG 值对照表

时间	2019.3.26	2018.12.28	2017.12.29	2017.1.26	2016.12.30
股价（元）	48.67	25.53	28.57	15.72	19.64
每股收益（元）	0.67（2018）	0.67	0.48	0.36	0.36
市盈率	72.64	38.1	59.52	43.67	54.56
盈利增长率（%）	39.43	39.43	37.71	26.77	26.77
PEG 值	1.84	0.97	1.58	1.63	2.04

从表 7-2 中可以看出，该股 PEG 值的波动范围较小，处于 0.97 到 2.04 之间，其中股价与市盈率均创新高的 2019 年 3 月，尽管 PEG 值较高，却不是最高的。2016 年年底 PEG 值较高，不过与 2019 年 3 月的 PEG 值较为接近，说明 PEG 值超过 1.8 之后，股价就会进入高估区域。

下面再来看当期的 PEG 值，以 2019 年 10 月 31 日为基准计算 PEG 值。2019 年 10 月 31 日的股票收盘价为 33.42 元，2018 年年末的每股收益为 0.67 元，净利润增长率为 39.43%。那么，该股当日的市盈率为 49.89 倍。

$$\text{PEG 值}=49.89/39.43 \approx 1.27$$

也就是说，2019 年 10 月 31 日的 PEG 值只比 2018 年年底的 PEG 值略高，却距最近两年 PEG 值的高点较远，说明该股投资价值尚可。

接下来，还可以对该股未来的 PEG 值进行预测。根据该股的历史利润增长率情况，可以将未来一年的利润增长率预测值设定在 40%，那么其市盈率也可能维持在 70 倍左右。也就是说，该股 PEG 值很可能在 1.75 左右，未来一年内，该股的投资价值一般。

不过，投资者在选择股票时，不能仅用一个标准来做判断，还需参考其他因素。特别是一些净利润增长率波动较大的个股，更应该从多角度研判其投资价值。

三、PEG 估值法操作要点

投资者使用 PEG 法对股票估值时，需要注意以下几个要点。

第一，从某种意义上来说，在评价股票价格高低方面，PEG 法与市盈率法、市销率法还是有着明显区别的。当 PEG 值小于 1，甚至小于 0.5 时，股价往往存在一定的低估倾向，这也是一个比较理想的投资切入点。行业不同，PEG 值可能也会有所不同，但企业若能保持较快的增长速度，投资者自然可以接受较高的市盈率，这在投资领域是一个不变的规律。

第二，为高成长性的股票赋予更高的估值，是 PEG 估值法的核心精髓。投资者若能在市场上找到成长性很高，但市盈率很低的股票，就是发现了最佳的投资标的。

第三，这里所说的高成长性是基于未来的，而非现在或过去。尽管在测算股票价格时，经常会使用当前的净收益增长率，但应该清楚，我们需要的是未来的净收益增长率。投资者在估值时，需要大致预测候选投资标的未来 3 年的净利润增长率。当然，若投资者预测未来的增速有困难，还可以选择过去几年的平均增长率作为预测增长率。然后，通过预测增长率反过来求得目标股价，进而判断当前股价是高估还是低估。

第四，剔除一次性的较大幅度的收益波动。在 PEG 法中，净收益增长率是一个非常关键的指标，甚至可以说是一个具有决定性作用的指标。因此，当企业净利润增长率出现异常波动时，一定要了解产生波动的原因，特别是这种波动是否具有持续性，是否预示着企业业绩出现了拐点。

第五节 市净率估值

想要买入某个物品前，大家肯定要先看看这件物品到底值多少钱。没有人愿意花高价买便宜货。同样，投资者在选择成长股时，也要选择那些价值明显低估且投资价值较高的股票。

一、市净率的计算

市净率指的是每股股价与每股净资产的比率，市净率可用于股票投资分析。一般来说，市净率较低的股票，投资价值较高，相反，则投资价值较低。但在判断个股投资价值时，还要考虑当时的市场环境以及公司经营情况、盈利能力等因素。其计算公式如下：

市净率 = 每股股价 / 每股净资产

通常情况下，市净率为 1 是一个比较重要的临界点。

市净率小于 1，说明股价低于每股净资产。换句话说，如果这家公司按照净资产价值出售，那么，你按照股价买入该股肯定会盈利。不过，一只股票的市净率低于 1，说明该股的盈利能力存在不足，并未获得市场的认可。在相当长的时间内，可能这类股票涨幅都十分有限。当然，若是暴涨行情来临时，这类股票的价格也会跟着水涨船高。

市净率大于 1，说明股价高于每股净资产，当时的股价存在一定的溢价。不过，市场上大多数投资者愿意以高于净资产的价格买入股票，也说明市场认可其价值。

二、使用市净率法挑选目标股票

与资产负债率相似，我们也很难直接用市净率来筛选股票。借助炒股软件直接对市净率从低到高排名就会发现，大量银行股、钢铁股、能源股都属于低市净率范畴，如图 7-8 所示。

从图 7-8 中可以看出，截至 2018 年 4 月 25 日，A 股市场上出现了多只市净率低于 1 的股票。不过，这些股票多是一些占用资产较高的银行股、能源股和钢铁股。这些股票的市净率低于 1，有整个股市行情不振的因素，也有自身资产较重、盈利能力不足的原因。反之，若股票市净率较高，一方面存在过度炒作的可能，另一方面也说明市场对其未来盈利能力的认可。

通过上面的论述可以看出，单纯比较市净率的高低其实意义并不大。不过，若能将市净率与净资产收益等指标组合使用，则是一个不错的选择。

涨幅排名 | 陆股通排名 | 资金流向 | 主力增仓 | 财务数据

	代码	名称	涨幅%	现价	涨跌	卖价	量比	TTM市盈率	净利润?	市净率↑	总市值	流通市值
28	601988	中国银行	-1.04	3.80	-0.04	3.81	0.69	6.49	1724亿④	0.802	11187亿	8009亿
29	000926	福星股份	+0.47	8.62	+0.04	8.62	1.07	10.56	2.31[illegible]①	0.802	83.75亿	81.75亿
30	601166	兴业银行	-1.89	16.13	-0.31	16.14	1.40	5.77	[illegible]亿①	0.817	3351亿	3073亿
31	600027	华电国际	+0.58	3.47	+0.02	3.47	1.09	[illegible]	[illegible].30亿④	0.820	342.2亿	235.4亿
32	000543	皖能电力	+1.33	4.58	+0.06	4.58	1.07	[illegible]	8576万①	0.825	82.00亿	82.00亿
33	600811	东方集团	-0.23	4.43	-0.01	[illegible]	[illegible]	[illegible]	4.90亿③	0.831	164.6亿	145.0亿
34	601107	四川成渝	-0.52	3.79	-0.02	[illegible]	[illegible]	[illegible]	8.88亿④	0.834	115.9亿	81.97亿
35	000536	华映科技	+1.06	3.83	+0.04	[illegible]	[illegible]	[illegible]	1.25亿(预)	0.834	105.9亿	76.72亿
36	001896	豫能控股	-0.43	4.64	-0.02	4.65	1.07	99.73	-2.02亿(预)	0.840	53.39亿	39.68亿
37	600823	世茂股份	-1.01	4.88	-0.05	4.87	0.82	8.23	22.25亿④	0.842	183.1亿	183.1亿
38	600166	福田汽车	+0.00	2.42	+0.00	2.42	0.54	144.2	1.12亿④	0.852	161.4亿	161.4亿
39	601998	中信银行	-1.23	6.40	-0.08	6.41	0.65	7.36	425.7亿④	0.859	3132亿	2042亿
40	600508	上海能源	+0.47	10.70	+0.05	10.70	1.11	14.90	5.19亿④	0.864	77.33亿	77.33亿
41	600000	浦发银行	-1.02	11.66	-0.12	11.66	0.78	6.28	542.4亿(快)	0.866	3422亿	3277亿
42	000157	中联重科	+0.00	4.18	+0.00	4.18	0.72	24.46	3.80亿(预)	0.867	325.8亿	260.2亿
43	000959	首钢股份	+1.14	4.45	+0.05	4.45	1.14	10.61	5.05亿①	0.867	235.4亿	132.0亿
44	600510	黑牡丹	-0.31	6.36	-0.02	6.38	0.54	14.11	5104万①	0.874	66.60亿	50.60亿
45	000521	美菱电器	+0.23	4.27	+0.01	4.28	0.81	162.6	5626万①	0.874	44.60亿	34.25亿
46	600266	北京城建	-1.01	10.79	-0.11	10.81	0.90	11.61	14.56亿④	0.880	169.1亿	169.1亿
47	000937	冀中能源	-0.82	4.81	-0.04	4.81	0.67	15.97	10.64亿④	0.881	170.0亿	139.8亿
48	000850	华茂股份	+0.00	4.20	+0.00	4.21	0.52	38.10	9000万(预)	0.882	39.63亿	39.62亿
49	600997	开滦股份	-0.76	5.19	-0.04	5.19	0.83	15.95	5.17亿④	0.886	82.41亿	64.08亿
50	600123	兰花科创	-1.84	7.47	-0.14	7.47	1.07	11.33	1.95亿①	0.887	85.34亿	85.34亿
51	000898	鞍钢股份	-0.63	6.36	-0.04	6.36	0.57	7.51	15.90亿①	0.892	460.1亿	391.1亿
52	000761	本钢板材	-1.15	4.30	-0.05	4.30	0.63	10.11	3.51亿①	0.894	166.6亿	117.6亿
53	600219	南山铝业	-0.63	3.17	-0.02	3.18	0.33	18.20	16.11亿④	0.896	293.3亿	224.7亿
54	600919	江苏银行	-1.10	7.17	-0.08	7.18	0.94	6.97	118.7亿④	0.908	827.7亿	424.7亿

市净率由低到高

图 7-8 市净率由低到高排名（2018.4.25）

净资产收益率又称股东权益报酬率，是净利润与平均股东权益的百分比，是公司税后利润除以净资产得到的百分比，该指标反映股东权益的收益水平，用以衡量公司运用自有资本的效率。用通俗的话来解释就是，股东的每 1 块钱权益（股东投入的资本会因资本公积、利润变动而发生变化），一年能够带来多少钱的收益。其计算公式如下：

净资产收益率 = 净利润 / 净资产

巴菲特曾经说过：如果只能选择一个指标来衡量公司经营业绩的话，那就选择净资产收益率吧！由此可见巴菲特对净资产收益率的重视。事实上，巴菲特所选的标的企业，大多数都是净资产收益率超过 20% 的企业。

若一只股票的净资产收益率能够超过 20%（最低 15%），就可以称为比较优秀的企业了。针对这类企业，投资者可以将市净率指标放得相对松一些，比如 5 倍左右的市净率就是比较合适的。若净资产收益率为 10% 以上，则只能给予 2 倍左右的市净率。同理，若净资产收益率低于 5%，笔者不建议投资者投资这类股票，毕竟，很多银行的贷款利率都要高于 5% 了。

三、市净率法操作要点

市净率可以作为投资者筛选成长股的一个剔除性指标。市场上普遍将3倍左右的市净率看成一个比较健康的比率，市净率太高（如超过10倍），说明股价偏离股票的内在价值较多，未来有回调的可能。投资者在操作时，可从上市公司中剔除那些市净率超过10倍的股票。

当然，若大盘出现大幅度的上涨行情时，市净率必然也会水涨船高，这时候市净率的标准也可以设定得高一些。当大盘上涨至较高水平，整个市场的市净率都超过10倍时，就不再是进场的最佳时机了。通过大盘指数的跟踪分析可以发现，当大盘平均市净率低于2倍时，往往意味着大盘即将见底反弹。

以市净率为核心对股票进行估值，存在明显的弊端。

第一，不同行业的市净率本身存在很大的差异，比如银行、钢铁行业的市净率很低，而生物医药、科技行业的市净率很高，但不能因此就认为银行和钢铁行业比生物医药和科技行业更具投资价值。

第二，忽略了企业运用资产创造效益的能力。有些企业能够利用有限的资产创造更高的收益，而另外一些企业创收能力则明显不足，这两类企业的股票价格肯定不同，不能因此而认定市净率低的股票更具投资价值。

第八章

内在价值计量——绝对估值法

价值投资是以股票的内在价值为核心的一种投资方法。前面介绍的关于财务指标的意义以及传统的股票估值方法，只能作为价值投资时的参考指标。投资者要进行价值投资，还需要掌握和了解基本的内在价值计量方法。

内在价值法试图通过对股票本身具有的价值进行计量，并精确地计算出股票的真实价值。与前面介绍的相对估值法不同，这种方法更绝对化，因而，也常常被称为绝对估值法。

本章将重点介绍几种内在价值的计量方法，供读者参考。本章介绍的内在价值评估方法中，尤以自由现金流估值法最为流行，也最为重要。

第一节　价值计量基础：复利与折现

价值投资并不等同于长线投资，但持仓周期肯定不会短，要不然就不足以体现价值投资的优越性。同时，由于价值投资在选择投资标的阶段需要投入大量的时间和精力，投资者所选的股票应该属于未来一段时间内成长性较佳的标的，这都要求投资者能够忽视股票价格的短期波动，转而专注股票长期的价格走势。

一、神奇的复利

价值投资需要长线持仓，也就是要求一只股票能够保证长期稳定地向投资者提供收益。这就如同大家将钱存入银行，并开始不断地计算滚动利息一样。其中的区别在于，我们希望自己投资的标的能够给予我们的回报高于银行利息两倍以上。当然，以目前的银行利率来看，即使是两倍于银行的利率也不是太高的数字，但若一只股票的年回报率能够达到 20%，就是一个相当不错的数字了。对于有些投资者来说，20% 的收益率是很低的。正因如此，他们才会冒着短线风险而不愿意长线持股。

事实上，若能让利润保持稳定增长，即使是 20% 的盈利也是相当不错的，这就是复利的作用。下面以 10 000 元本金为例，计算在不同的收益率情况下，5 年内所能获得的收益情况，如表 8-1 所示。

表 8–1 投资收益率对照表

时间 收益率	第一年	第二年	第三年	第四年	第五年
5%	10 500	11 025	11 576.25	12 155.06	12 762.82
10%	11 000	12 100	13 310	14 641	16 105.1
15%	11 500	13 225	15 208.75	17 490.06	20 113.57
20%	12 000	14 400	17 280	20 736	24 883.2
25%	12 500	15 625	19 531.25	24 414.06	30 517.58

从上述基于复利的投资收益对照表，可以发现以下几个规律。

第一，若年度收益率能够达到15%，则连续保持5年，即可实现资产翻倍。这个翻倍的速度可能比我们预想得更快，毕竟并不需要保持5年20%的增速，而是15%的增速即可。

这也是在投资领域经常使用复合增长率而不是算数增长率的原因。同样是15%的增长率，若为算数增长率保持5年，其实际增长幅度为75%；复合增长率（即复利）保持5年，则实际增长率超过100%。

第二，若年度收益率能够达到25%且保持5年，则资产会翻两番。这个速度也是非常快的，若保持该速度到第10年，资产规模就相当于初始资金的九倍有余。也就是说，若能保持超过25%的年收益率，那么，十年十倍就是一个可以轻松实现的目标。

第三，资产翻倍的前提是，保持某一投资收益率，不能出现亏损。其实，很多投资者并没有实现上述复利的投资收益，就是有时投资收益会超过15%，甚至25%，但是在另外一些年份又出现了负增长，导致收益不佳。

由此可见，在投资活动中，重要的并不是有多大幅度的盈利，而是保证资金安全，尽量不要出现亏损，之后保持住投资收益，资产就会出现较大规模的增长。其实，这也是价值投资者遵循的基本原则：在保证资金安全的情况下，长期保持较高的资产收益增速。这类投资标的只能是那些市场上优异的投资标的。

二、折现——资金的时间价值

在估算股票内在价值时，资金的时间价值也是很重要的一个组成部分。

比如，同样是100万元，你现在拿到手里和5年之后拿到手里是完全不同的价值，其中包括100万元的利息或投资收益（也就是资金的时间价值）。因此，在衡量一个企业未来现金流入量的时候，也要考虑将这些钱的价值折现，即未来收到的资金额度的当前价值。例如，按照5%的收益率来计算，5年后收到100万元的当前价值的计算方法如下：

$$
\begin{aligned}
100\text{万元的折现值} &= 100/(1+5\%)^5 \\
&= 100/1.276 \\
&= 78.37\text{万元}
\end{aligned}
$$

也就是说，5年后收到的100万元，大概相当于今天的78.37万元。这是按照5%的折现率来计算的。根据折现率不同，5年后收到的100万元现金的现值也会不同。

在具体的投资研究中，折现率一直以来比较受关注。通常情况下，选择折现率时，需要参照以下几个标准。

第一，折现率不能过低。在美国证券投资行业，折现率是以美国国债收益率为基准的，也就是说，折现率不能低于美国国债的收益率。考虑到国内的实际情况，我们的折现率一般也不应该低于5%。

第二，折现率需要根据承受的风险水平进行调整。面对风险较高的投资品种，折现率理应设置到较高的水平。比如，有时候被估算企业的净收益水平较高，那么，在考虑折现率标准时，也要保持一致。

折现率是一种比较科学而且偏保守的计算股票内在价值的方法，在投资实战中，也面临一些问题。

首先，未来的资金流入量是一个估算出来的数字。在经营过程中，企业可能面临各种各样的挑战，没有哪个企业的发展会与预期一致。因此，基于这种预期核算出来的现金流，自然也存在较大的风险。

其次，进行投资推演依据的数字，都是企业发布的财务数据，尽管这些数据都经过会计师事务所的审计，但账上的资金与银行账户资金是否一致，也只有企业自己知道。2019年就发生了几起典型的账上有钱而银行账户没钱的案件，这直接导致了几只白马股“暴雷”。

三、现金流及其净额水平

现金就是企业的生命。价值投资在很大程度上是对一只股票本身的现金创造能力进行评估。也就是说，价值评估是计算用当前支付的现金（购入股票支付的现金）能够换回多少未来的现金（股利以及出售股票获得的现金现值）。同时，一家企业要想保证股利支付能力，保证股价上扬，需要具备较强的经营发展能力（持续的经营现金流入能力）。

对于一些企业而言，从账面来看，可能拥有不错的盈利能力，且账面利润水平较高，但其盈利的大部分可能都停留在应收账款科目中，无法转化为现金。还有一些企业尽管最近几期报表中显示的现金流入水平较高，但并非企业经营获得，可能是因为出售资产（有可能会丧失以后的获利能力），也有可能是靠投资获得的现金流入（这种现金流入也无法保证其持续性，而且投资有盈利的可能，也有亏损的可能）。总之，只有经营性的现金净流入才是评估一个企业造血能力的重要指标。

在评估企业现金流时，应该注意以下几点。

第一，分析现金流入的可持续性。通常情况下，一个企业的经营性现金流入量会呈现出某些规律性，如平滑而缓慢的增长态势或季度性的放大与萎缩等。若一家企业的经营现金流能够持续放大，则是一个非常好的现象。

下面来看恒瑞医药的经营性现金流入情况，如图 8-1 所示。

科目\年度	2018	2017	2016	2015	2014
一、经营活动产生的现金流量(元)					
销售商品、提供劳务收到的现金(元)	**171.57亿**	**140.33亿**	**131.22亿**	**104.49亿**	**85.63亿**
收到的税费与返还(元)	--	--	--	--	--
收到其他与经营活动有关的现金(元)	2.62亿	3.45亿	1.38亿	1.54亿	1.80亿
经营活动现金流入小计(元)	174.19亿	143.78亿	132.61亿	106.02亿	87.43亿
购买商品、接受劳务支付的现金(元)	8.57亿	7.23亿	15.19亿	11.94亿	12.11亿
支付给职工以及为职工支付的现金(元)	26.78亿	18.81亿	14.04亿	10.86亿	8.65亿
支付的各项税费(元)	28.37亿	23.85亿	20.63亿	17.39亿	13.94亿
支付其他与经营活动有关的现金(元)	82.73亿	68.42亿	56.82亿	43.06亿	36.99亿
经营活动现金流出小计(元)	146.45亿	118.30亿	106.68亿	83.25亿	71.69亿
经营活动产生的现金流量净额(元)	27.74亿	25.47亿	25.93亿	22.77亿	15.74亿

图 8-1 恒瑞医药历年经营现金流量净额

从图 8-1 中可以看出，恒瑞医药近几年的现金流量净额一直呈稳定增长态势，这也从侧面反映了企业经营情况较佳，未来成长性仍然可期。

第二，关注现金到期债务比，这也是反映企业运营质量的一个重要指标。这里的到期债务主要包括一年内将要到期的长期借款和应付票据等，这里的现金选用的范围为经营活动产生的现金流量金额。该指标反映了企业通过自身创造的现金流偿还债务的能力。也就是说，该指标值越高，企业的偿债能力越强，企业的经营也越稳定。

第三，关注异常现金净流入情况。前面曾经说过，一个企业的经营情况良好时，经营性现金流净额会呈现比较稳定的增长态势。若某家企业的经营性现金流量净额出现异动，则应分析其背后的原因：一种情况是企业的业绩来到了快速上升或下降的拐点，未来现金流有加速流入或流出的可能；另一种情况可能是企业遇到了某些突发性事件，影响了经营性现金流的流动情况，也就是企业的经营遇到了某些突发性问题。

下面来看中兴通讯最近几年的经营性现金流量净额，如图 8-2 所示。

科目\年度	2018	2017	2016	2015	2014
一、经营活动产生的现金流量(元)					
销售商品、提供劳务收到的现金(元)	**905.84亿**	**1155.79亿**	**1135.52亿**	**1072.40亿**	**886.12亿**
收到的税费与返还(元)	63.30亿	79.70亿	74.48亿	72.39亿	62.31亿
收到其他与经营活动有关的现金(元)	46.53亿	35.16亿	32.31亿	33.84亿	24.22亿
经营活动现金流入小计(元)	1015.67亿	1270.65亿	1242.31亿	1178.62亿	972.64亿
购买商品、接受劳务支付的现金(元)	654.60亿	781.11亿	843.25亿	785.62亿	676.84亿
支付给职工以及为职工支付的现金(元)	207.92亿	196.83亿	176.52亿	155.19亿	123.72亿
支付的各项税费(元)	61.41亿	73.11亿	79.06亿	74.44亿	66.08亿
支付其他与经营活动有关的现金(元)	183.90亿	147.40亿	90.87亿	89.33亿	80.87亿
经营活动现金流出小计(元)	1107.82亿	1198.45亿	1189.70亿	1104.58亿	947.52亿
经营活动产生的现金流量净额(元)	-92.15亿	72.20亿	52.60亿	74.05亿	25.13亿

图 8–2　中兴通讯历年经营现金流量净额

从图 8-2 中可以看出，中兴通讯的经营性现金流量净额最近几年保持了较高水平，但在 2018 年出现了异常下滑（事实上，2016 年相比 2015 年也出现了下滑，但幅度较小），其流量净额出现了负数，且数额较大。考虑到 2018 年美国政府对中兴通讯的制裁和罚款，就比较容易理解现金流量下滑的原因了。

第二节 股利贴现法

股利贴现法，是股票价值绝对估值法中的一种。该方法的理论基础为：假设投资者以某一价格买入股票后，获得的现金流入主要为股利和卖出股票现金两部分。投资者在未来某一时段卖出股票所获得的现金流入的价值，不可能完全等于当前的现金价值，即未来的现金要经过一定的折现才能等于当前的现金。

先用一个例子来解释股利贴现法。

例如，某只股票的股价为 100 元，该股票所属的公司每年能够支付 3 元股息。如果在下一年内还能保持该价格，那么，按 5% 的折现率计算该股票的现值，则现值为：

现值 = 一年后股息的现值 + 一年后股价的现值

$=3/(1+5\%)+100/(1+5\%)$

$=2.86+95.24$

$=98.1$（元）

也就是说，现在价格为 100 元的股票，若一年后股价仍为 100 元，加上收获的股息 3 元，那么，也就相当于当前的 98.1 元。从该角度来看，这肯定是一次失败的投资，因为你花了 100 元，买入了贴现价值仅为 98.1 元的股票。假设该公司的股息能够保持 3 年（投资者将会获得 3 次股息，且每次的现值不同），且 3 年后该股股价仍为 100 元，那么，该股的现值计算如下：

现值 = 一年后股息的现值 + 两年后股息的现值 +

三年后股息的现值 + 三年后股价的现值

$=3/(1+5\%)+3/(1+5\%)^2+3/(1+5\%)^3+100/(1+5\%)^3$

$=2.86+2.72+2.59+86.21$

$=94.38$（元）

对比上述两个计算公式，可以发现如下几个规律。

第一，随着持股时间的拉长，投资者获得的股利会越来越多，但越往后股利的现值会越低。因为有折现率的问题，未来的钱肯定越来越不值钱。

第二，随着持股时间的拉长，长到一定时间后，100 元股价的现值就会趋近于 0。也就是说，投资该股票获得现金的现值主要来源于股利。

第三，只有股票的股利超过折现率，投资者以获得股利为目的的投资才是有意义的。比如上述例子中的情况，股票的股利为 3%（每年获得 3 元股利），明显低于 5% 的折现率，这样计算下去，肯定是持有股票的时间越长，现金流的折现值越低，越不利于投资者。

一、股利贴现法模型

通过前面的讲解，大家对股利贴现法应该有一个大致的印象。下面介绍这个方法的标准计算公式。股利贴现法模型是由威廉姆斯和戈登在 1938 年提出的，该模型认为，股票的内在价值可以用股票每年股利收入的现值来确定，其基本计算公式为：

$$V=\sum_{t=1}^{\infty}\frac{\mathrm{D}_t}{(1+k)^t}$$

其中：

V——当前每股股票的内在价值。

D_t——第 t 年每股股票的股利。

k——贴现率或股票的期望收益率。

从上述公式来看，与股利贴现法计算方法有些不同。在这个股利贴现模型中，并未对未来股票的卖出价格进行贴现。其实，这主要是因为随着时间的无限延长，未来股票卖出价格的贴现价值会趋近于 0，所以不会在这个公式中体现。举个简单的例子，假如某只股票每年每股都能分红 3 元的话，贴现率为 5%，那么，以 10 年为基准周期，该股票的内在价值如下：

$$V=\sum_{t=1}^{10}\frac{3}{(1+5\%)^t}$$

$$=\frac{3}{(1+5\%)}+\frac{3}{(1+5\%)^2}+\frac{3}{(1+5\%)^3}+\frac{3}{(1+5\%)^4}+\frac{3}{(1+5\%)^5}+\frac{3}{(1+5\%)^6}+\frac{3}{(1+5\%)^7}+\frac{3}{(1+5\%)^8}+\frac{3}{(1+5\%)^9}+\frac{3}{(1+5\%)^{10}}$$

$$=2.86+2.73+2.59+2.46+2.34+2.24+2.14+2.03+1.94+1.84$$

$$=23.17\text{（元）}$$

当然，上述例子是为了让普通投资者更容易理解股利贴现模型而设置的，属于非常简单的一种。若上述案例中分红额度能够永远持续下去，那就相当于投资了一种永续年金产品，则该产品的现值如下：

$$V=\sum_{t=1}^{\infty}\frac{3}{(1+5\%)^t}=\frac{3}{5\%}=60\text{（元）}$$

也就是说，若某只股票能够保持每年每股分红 3 元的额度，那么，这只股票的现值就应该是 60 元。

上述公式中提供的是一种股利贴现的 0 增长模型，即企业每年每股支付的股利是不变的，这在现实的市场上几乎不存在。企业的生产经营活动必然存在一定的波动，股利支付也会随之变动（其他情况可以参考后面介绍的自由现金流贴现计算模型）。不过，该案例还是可以非常直观地向投资者展示以获取股利为目标的投资活动是如何计算其内在价值的。

二、股利贴现法的应用限制

通过前面的讲解，读者可能对股利贴现法有了一定的了解。不过，目前这种方法的应用并不广泛，甚至说并没有多少机构使用这种方法估算股票的内在价值。其原因大致包括以下几项。

第一，股利贴现法最大的挑战来自股利与股票价值无关的论调。很多经济学家和投资理论家认为，股票的价值并不能通过股利来反映。一家企业的盈利若能保持较高的增速，且具有较佳的投资方向，就不应该将其以股利形式支付给投资者。毕竟投资者拿到股利后的收益，可能要远远低于企业的净资产收益率或净利增长率。

事实上，很多处于高速成长期的企业，也很难将大笔现金用于支付股利，反而是一些已经进入成熟期的企业，因其可投入的方向越发不明朗，所以结余的现金用于支付股利的情况较多。也就是说，借助股利贴现模式计算的结果可能是，处于高速成长期的股票，内在价值要远远低于已经进入成熟期的企业，这显然是十分不科学的。

巴菲特曾经说过："一个盈利的公司可以有不同的分配盈余的方式，公司的管理层首先需要检视对现有业务再投资的可能性，提高效率，开拓市场，延伸或完善产品线，拓宽公司领先竞争对手的护城河。"其实，巴菲特旗下的伯克希尔公司尽管每年都有大量的盈余，却很少将盈余用于分红。

第二，由于企业分红政策的关系，很多企业很少使用分红手段支付股利。这就使得使用该方法测算股票的内在价值受到了极大的限制。

第三，A 股市场上，由于很少有企业能够稳定支付股利，就使得该模型的适用范围极为有限。

第三节　自由现金流法估值

股利贴现法存在一个弊端，即企业获得的利润只会拿出一小部分来分配。自由现金流法是目前非常流行的计算股票内在价值的方法。该方法的核心思想是投资者投资股票所能获得的最大价值为该企业未来全部自由现金流现值的总和。该种方法有如下几个核心要点。

第一，自由现金流。企业每年所能获得的自由现金流并不等同于企业的净利润，而是能够自由支配的现金流。

第二，现值。也就是说，未来所能获得的自由现金流要进行贴现计算。

一、自由现金流及其计算方法

自由现金流由美国西北大学巴波特、哈佛大学詹森等学者在 20 世纪 80 年代提出。通常情况下，自由现金流是指企业产生了在满足再投资需要之后剩余的现金流量。也就是说，这部分现金是能够在不影响企业持续发展的前提下，可供分配给企业资本供应者的最大现金额。当然，这部分现金属于可供分配的现金，而非确实会分配给投资者的现金。自由现金流并非企业财务报表需要提供的项目。投资者若想得到该数据，需要通过其他科目的计算、汇总获得。

关于自由现金流，很多投资方面的专家都曾给出过相应的定义和计算方法，如科普兰教育在 1990 年曾这样描述自由现金流的计算方法：自由现金流等于企业的税后净营业利润（即公司不包括利息收支的营业利润扣除实付所得税税金之后的数额），加上折旧及摊销等非现金支出，再减去运营资本的追加和物业厂房设备即其他资产方面的投资，这部分资产是能够提供给企业资产所有者（包括债权人和股东）的资产。若将上述定义转化为计算公式的话，可以得到如下公式：

自由现金流 =（税后净营业利润 + 折旧及摊销）–（资本支出 + 营运资本增加）

其中：

（1）税后净营业利润为企业的营业利润扣除所得税后的部分。

（2）折旧及摊销是在利润计算中扣除的项目，但实际上并不需要企业在当期支付现金，因而在计算自由现金流时需要将其加上。

（3）资本支出包括两部分，一部分为维持原有经营规模的资本支出，另一部分为扩大经营规模所需的资本支出。

（4）营运资本增加为流动资产与无息流动负债之间的差值。

从上述公式及其计算方法可以看出，这是一个基于资产负债表和利润表形成的自由现金流计算公式。在实际操作中，该公式存在以下几个典型的弊端。

第一，税后净利润的形成对应着企业的营业收入与营业成本，而营业收入中的一部分可能是以应收账款形式计入的。也就是说，这部分收入对应的利润只是账面上的利润，而非实际的现金利润，这与我们要计算的自由现金流存在明显的差距。

第二，资本支出项目的计算口径包括全部资本性支出，而处于成长期的企业往往会在较长的时间内投入较高的资本支出，包括购置固定资产、新建厂房等，这都可能造成企业连续几年的自由现金流为负数。

第三，对利润构成中的折扣及摊销项目进行了调整，但其范围仅限于折旧及摊销，没有包括与折旧性质相似的资产减值准备、资产处置损失、递延所得税资产和递延所得税负债等。

正因上述公式存在诸多弊端，很多投资者在计算自由现金流时，开始寻求更简单、有效的计算方法。目前，比较青睐通过现金流量表中的数据计算自由现金流，毕竟现金流量表中的现金数据更为真实。以现金流量表为基础的自由现金流计算公式如下：

自由现金流 = 经营活动现金流量净额 – 资本性支出

= 经营活动现金流量净额 – 固定资产折旧 – 无形资产和长期待摊费用摊销 – 处置长期资产的损失

其中，资本性支出包括固定资产折旧、无形资产和长期待摊费用摊销、处置长期资产的损失。

从某种意义上来说，经营活动产生的现金流量比企业的利润更为可靠和真实，毕竟这是以收到的真实货币为基准的，因此，本书所用的自由现金流计算，都是采用以现金流量表为基准的计算方法。同时，由于这几个财务项目在上市公司提供的财务报表中都有涉及，投资者获取信息相对比较容易。

下面来看恒瑞医药的自由现金流情况。在恒瑞医药财务信息页面，点击【财务概况】|【财务指标】，即可查看现金流量数据，如图 8-3 所示。

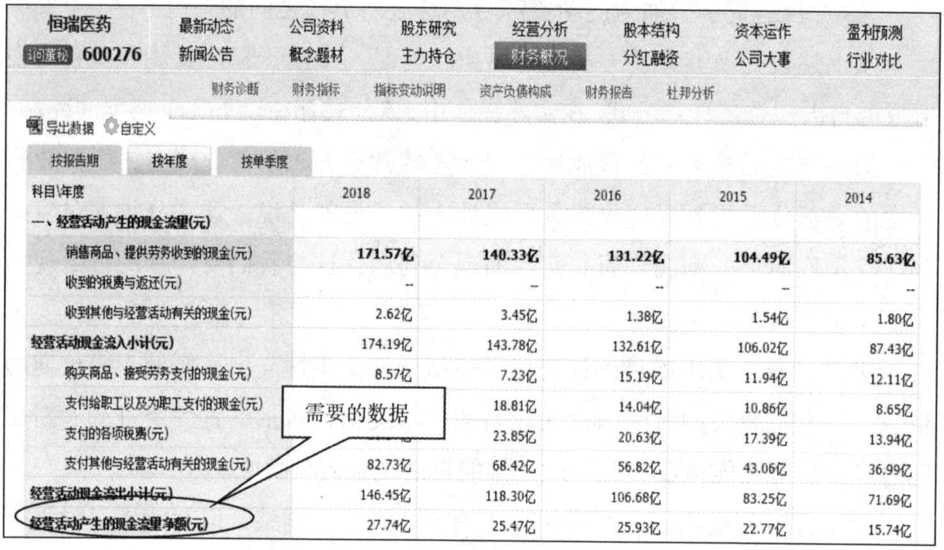

科目\年度	2018	2017	2016	2015	2014
一、经营活动产生的现金流量(元)					
销售商品、提供劳务收到的现金(元)	171.57亿	140.33亿	131.22亿	104.49亿	85.63亿
收到的税费与返还(元)	--	--	--	--	--
收到其他与经营活动有关的现金(元)	2.62亿	3.45亿	1.38亿	1.54亿	1.80亿
经营活动现金流入小计(元)	174.19亿	143.78亿	132.61亿	106.02亿	87.43亿
购买商品、接受劳务支付的现金(元)	8.57亿	7.23亿	15.19亿	11.94亿	12.11亿
支付给职工以及为职工支付的现金(元)	[illegible]	18.81亿	14.04亿	10.86亿	8.65亿
支付的各项税费(元)	[illegible]	23.85亿	20.63亿	17.39亿	13.94亿
支付其他与经营活动有关的现金(元)	82.73亿	68.42亿	56.82亿	43.06亿	36.99亿
经营活动现金流出小计(元)	146.45亿	118.30亿	106.68亿	83.25亿	71.69亿
经营活动产生的现金流量净额(元)	27.74亿	25.47亿	25.93亿	22.77亿	15.74亿

图 8–3 恒瑞医药现金流量表（1）

恒瑞医药在 2018 年的经营活动中产生的现金流量净额为 27.74 亿元。在获得了现金流量净额数据后，还可向下拖动数据表，获得其他数据，如图 8-4 所示。

从图 8-4 中可以看到，恒瑞医药的固定资产折旧为 3.73 亿元，无形资产摊销为 657.30 万元，长期待摊费用摊销为 142.11 万元，处置固定资产、无形资产和其他长期资产的损失为 – 211.22 万元。则 2018 年，恒瑞医药的自由现金流数额为：

恒瑞医药的自由现金流 = 经营活动现金流量金额（27.74 亿元）– 资产折旧（3.73 亿元）– 无形资产摊销（0.066 亿元）– 长期待摊费用摊销（0.014 亿元）– 处置长期资产损失（– 0.021）亿元 =23.951 亿元

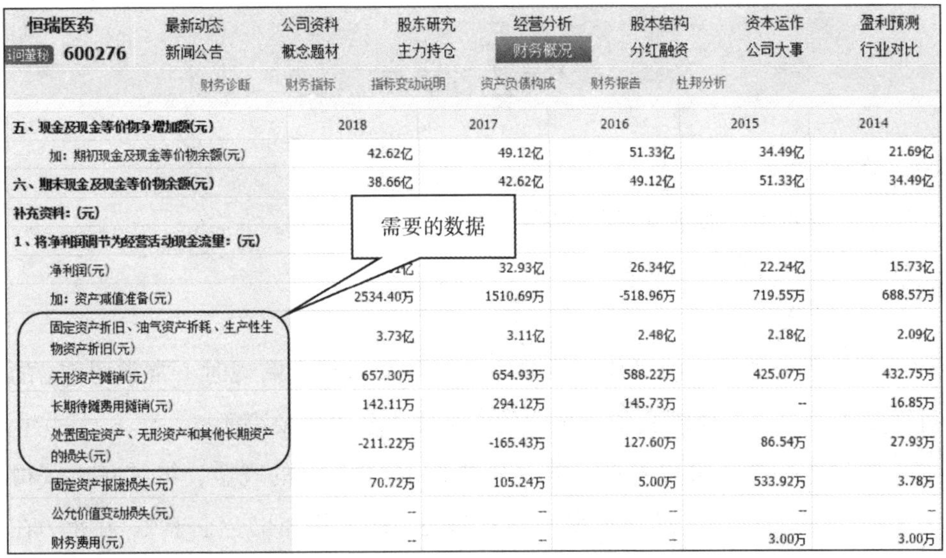

五、现金及现金等价物净增加额(元)	2018	2017	2016	2015	2014
加：期初现金及现金等价物余额(元)	42.62亿	49.12亿	51.33亿	34.49亿	21.69亿
六、期末现金及现金等价物余额(元)	38.66亿	42.62亿	49.12亿	51.33亿	34.49亿
补充资料：(元)					
1、将净利润调节为经营活动现金流量：(元)					
净利润(元)	[illegible]	32.93亿	26.34亿	22.24亿	15.73亿
加：资产减值准备(元)	2534.40万	1510.69万	-518.96万	719.55万	688.57万
固定资产折旧、油气资产折耗、生产性生物资产折旧(元)	3.73亿	3.11亿	2.48亿	2.18亿	2.09亿
无形资产摊销(元)	657.30万	654.93万	588.22万	425.07万	432.75万
长期待摊费用摊销(元)	142.11万	294.12万	145.73万	--	16.85万
处置固定资产、无形资产和其他长期资产的损失(元)	-211.22万	-165.43万	127.60万	86.54万	27.93万
固定资产报废损失(元)	70.72万	105.24万	5.00万	533.92万	3.78万
公允价值变动损失(元)	--	--	--	--	--
财务费用(元)	--	--	--	3.00万	3.00万

图 8–4　恒瑞医药现金流量表（2）

也就是说，恒瑞医药在 2018 年的自由现金流为 23.951 亿元，这是一个非常不错的数字。同理，借助该方法可以计算企业历年自由现金流数值。当然，我们需要的是未来所有现金流的折现，这部分内容后面会讲到。

二、自由现金流的汇总与折现

股票内在价值核算所需的自由现金流数据，并非某一年度的数据，而是未来永远的现金流贴现数据。从理论上来说，投资者买入股票，其实就是获得了企业永久的所有权，那么，这个企业以后每年带来的自由现金流现值，都是这只股票内在价值的一部分，且是非常重要的一部分。

企业自由现金流贴现值，通常可以描述为若干年内所获得的自由现金流现值之和。其基本公式如下：

$$V=\frac{F_1}{(1+W)^1}+\frac{F_2}{(1+W)^2}+\cdots+\frac{F_t}{(1+W)^t}$$

即：

$$V=\sum_{t=1}^{\infty}\frac{F_t}{(1+W)^t}$$

其中：

V 代表未来现金流贴现的总和。

F 代表某年的现金流。

t 代表时间，从第一年到无穷年。

W 代表公司的加权平均资本成本率（前面讲现金贴现时，常常用 5% 的折现率来计算，然而现实中，企业的资金成本率可能要高于 5%）。

通过上述公式可以发现，第一年获得了 10 万元的现金，第二年也获得了 10 万元现金，但其贴现值是完全不同的，两者相加也会小于 20 万元。在自由现金流贴现值的计算过程中，投资者需要预测企业未来的现金流增长情况，即 F 的取值非常关键。当企业处于快速发展期时，F 值会呈现较快的增长。反之，若企业处于成熟期，F 值的变化可能不会太大，甚至会下滑。W 作为资金的加权平均资本成本率，相对比较稳定。

正因如此，根据未来现金流成长情况的不同，自由现金流贴现的计算方法有所区别，具体来说，主要包括 0 增长模型、稳定增长模型、多阶段增长模型等。

1. 0 增长模型

当一些企业进入成熟期后，企业的运营趋近于稳定状态，企业的现金流水平也趋近于平稳状态，即企业的自由现金流增长率为 0。此时，在前面公式中的 F_1 直到 F_t 的数值都是不变的。因此，0 增长模型可以这样表述：

$$V=\sum_{t=1}^{\infty}\frac{F}{(1+W)^t}$$

其中：

V 代表未来现金流贴现的总和。

F 代表某年的现金流。

t 代表时间，从第一年到无穷年。

W 代表公司的加权平均资本成本率。

对此公式进行拆分和运算，可得：

$$V=\frac{F}{(1+W)}+\frac{F}{(1+W)^2}+\cdots+\frac{F}{(1+W)^t} \quad ①$$

将上述等式两侧同步乘以（1+W）可以得到：

$$(1+W)\,V=F+\frac{F}{(1+W)}+\frac{F}{(1+W)^2}+\cdots+\frac{F}{(1+W)^t} \quad ②$$

用等式②减去等式①，可以得到：

$$WV=F-\frac{F}{(1+W)^t}$$

由于（$1+W$）^{t} 中 t 趋近于无穷大，因而，$F/$（$1+W$）^{t} 也会趋近于零，将上述等式简化为：

$$WV=F-0$$

$$V=\frac{F}{W}$$

也就是说，在 0 增长的现金流贴现模型中，未来获得的现金流贴现值等于当期现金流净额除以加权平均资本成本率。比如，某公司已经进入成熟期，自由现金流不会增长了，其经营净现金流量净额为 5 亿元，加权平均资本成本率为 5%，则其未来自由现金流总额为：

V=5 亿元 /5%

=100 亿元

也就是说，在自由现金流方面，我们可以认定，该公司未来的自由现金流合计为 100 亿元。投资者可据此核算该公司的价值和股票价值。

2. 稳定增长模型

一些企业进入稳定发展期后，自由现金流可能会呈现出较为平稳的增长态势，即每年都保持固定的增长率。

因此，稳定增长模型可以表述为：

$$V=\sum_{t=1}^{\infty}\frac{F(1+g)^t}{(1+W)^t}$$

其中：

V 代表未来现金流贴现的总和。

F 代表某年的现金流。

t 代表时间，从第一年到无穷年。

W 代表公司的加权平均资本成本率。

g 代表公司每年的现金流增长速度。

对此公式进行拆分和运算：

$$V=\frac{F(1+g)}{(1+W)}+\frac{F(1+g)^2}{(1+W)^2}+\cdots+\frac{F(1+g)^t}{(1+W)^t} \qquad ①$$

将等式两边分别乘以$\frac{(1+W)}{(1+g)}$，可以得到如下等式：

$$\frac{(1+W)}{(1+g)}V=F\left[1+\frac{(1+g)}{(1+W)}+\frac{(1+g)^2}{(1+W)^2}+\cdots+\frac{(1+g)^t}{(1+W)^t}\right] \qquad ②$$

用等式②减去等式①，可以得到：

$$\frac{W-g}{1+g}V=F$$

$$V=\frac{F(1+g)}{W-g}$$

其中，$F(1+g)$ 的值正好等于基准年的下一年的自由现金流净额。因此，此公式也可写作：

$$V=\frac{F^1}{W-g}$$

比如，某公司已经进入稳定发展期，自由现金流以 8% 的增速上升，其基准年的经营净现金流量净额为 5 亿元，加权平均资本成本率为 5%，则其未来自由现金流总额为：

V=5 亿元 ×（1+5%）/（8% – 5%）

=175 亿元

3. 多阶段增长模型

企业维持相同的自由现金流增长速度显然是很难的，当企业处于不同发展阶段时，自由现金流增长速度也不可能是相同的。根据企业发展增速的不同，分别计算自由现金流净额增速并汇总自由现金流净额的总额，则是比较现实的。

目前，企业自由现金流净额的多阶段增长模型中，包括两阶段增长模型、三阶段增长模型和多阶段增长模型等。其中，两阶段增长模型是使用最为广泛的一种，下面以两阶段增长模型为例进行介绍。

两阶段增长模型，是假定企业自由现金流净额增速维持若干年后出现了变化，此后一直维持着新的增速水平。该模型是目前使用非常广泛的自由现金流测算模型。其计算公式如下：

$$V=\frac{F_0(1+g_1)}{1+W_1}+\frac{F_0(1+g_1)^2}{(1+W_1)^2}+\frac{F_0(1+g_1)^3}{(1+W_1)^3}+\cdots+\frac{F_0(1+g_1)^n}{(1+W_1)^n}+\frac{F_n(1+g_2)^1}{(1+W_1)^n\,(1+W_2)^1}$$

$$+\frac{F_n(1+g_2)^2}{(1+W_1)^n\,(1+W_2)^2}+\cdots+\frac{F_n(1+g_2)\quad\infty}{(1+W_1)^n\,(1+W_2)^\infty}$$

$$=\sum_{t=1}^{n}\frac{F_0(1+g_1)}{(1+W_1)^t}+\frac{F_1(1+g_2)}{(W_2-g_2)\,(1+W_1)^n}$$

其中：

V 代表未来现金流贴现的总和。

F_0 代表某一年的现金流。

F_n 代表第 N 年的现金流，也就是第一阶段最后一年的现金流。

t 代表时间，第一阶段到 N 年终止，第二阶段则属于永续期。

W_1 代表公司第一阶段的加权平均资本成本率。

W_2 代表公司第二阶段的加权平均资本成本率（若两阶段的加权资本成本率相同，则 $W_1=W_2$）。

g_1 代表公司第一阶段现金流每年的增长速度。

g_2 代表公司第二阶段现金流每年的增长速度。

使用该模型时，应该注意以下几点。

第一，一般第一阶段持续的时间不会太长，多为 3 到 5 年。

第二，通常情况下，第二阶段的现金流增速较低，且能保持长期稳定。

第三，进入第二阶段后，资金流的增速会低于加权资本成本率，否则，企业的现金流将会无限增大，这是不可能发生的事情。

两阶段模型是很多机构都在使用的股票估价模型，我们在后面章节中给出的股票估值案例使用的就是该模型。

三、加权资本成本率的获取

从某种意义上来说，加权资本成本率是一个相对模糊的概念，因为这个数值中的部分取值并非直接计算所得，而是通过投资者对股票投资的预期来获得。加权资本成本率由两部分构成：其一，债务资金成本；其二，股权资金成本。其计算公式如下：

$$W = \frac{D}{D+E} \times K_D \times (1-t) + \frac{E}{D+E} \times K_E$$

其中：

W 代表企业的加权平均资本成本率。

D 代表企业的有息债务额。

E 代表企业的股权资本额。

K_D 代表企业的债务成本率。

K_E 代表企业的股权资本成本率。

t 代表企业的实际所得税税率。

从具体公式来看，企业的加权平均资本成本率的计算相对简单，投资者只需找到几个关键的数据，就可以计算得出加权平均资本成本率。

1. 有息债务额

企业有息债务额包括短期借款、一年内到期的长期借款、应付债券、长期借款、长期应付款等几项，投资者通过查询企业的财务报表即可获得相关数据。

2. 股权资本额

股权资本额的提取历来有不同的意见，有的专家学者主张以股票市场价格（市场价值）来计算股权资本额，有的专家则主张以所有者权益（即账面价值）来计算股权资本额。这里选取的是股票的账面价值，即所有者权益。

3. 实际支付的所得税税率

正常情况下，企业的所得税税率为 25%，但实际上，很多企业因为获得了一些税收方面的优惠政策，使得实际支付的所得税税率要低于 25%。投资者可利用财务报表中的所得税税额除以利润总额来获取实际所得税税率。

4. 债务成本率

债务成本率也就是企业取得借款或发行债券所需支付的成本占取得资金的比值。从理论上来讲，投资者需要逐项分析借款的利息率。不过，为了计算简便，可以通过企业年度利息支出除以企业有息债务平均额来获得该数据。

企业每年的利息支出可以通过查询企业发布的财务报告，并在其附注的【财务费用】栏目下获得。

企业每年的平均债务总额可以取期初债务总额（上一年年末的有息债务总额）和期末债务总额的平均数。

5. 股权资本成本率

股权资金成本是投资者在投资股票时期望获得的收益。通常情况下，长期国债的收益率在3%左右，而投资者投资债券基金期望的收益率在6%左右。投资者在投资股票时，期望的收益率一般是8%到9%。若收益率过低，投资者就没有必要投资股票了，毕竟投资股票需要承担很大的股价下跌风险。本书中，我们一般会取9%的股权资本成本率。

例如，某公司上一年度的有息债务总额为12.5亿元，本年度的有息债务总额为14亿元；本年度的利息支出为6 000万元，股权资本总额为28亿元，该企业实际支付的所得税税率为21%。则该企业的加权资本成本率计算如下：

有息债务总额 =（上期债务总额 + 本期债务总额）/2

=（12.5+14）/2

=13.25（亿元）

债务成本率 = 利息支出 / 平均债务总额 ×100%

=0.6/13.25×100%

=4.53%

因此，企业的加权资本成本率为：

W=13.25/（13.25+28）×4.53%×（1 — 21%）+28/（13.25+28）×9%

=7.26%

即该公司的加权平均资本成本率为7.26%。

四、股票内在价值核算方法

股票价值与企业价值有着直接的关系，但又不简单地等同于企业价值。前面通过自由现金流核算，最终会计算出企业未来自由现金流折现的价值，这也只是企业价值的一部分。通常情况下，企业价值包括以下几部分：

企业价值 = 金融资产公允价值 + 长期股权投资价值

\+ 未来预期经营资产自由现金流贴现值

通过上述公式可以发现，只有现金流需要进行贴现计算，金融资产公允价值和长期股权投资价值只需将当期数据计入就可以。不过，企业价值与股权价值不同，毕竟企业价值中还包含了一部分负债，因而，企业股权价值计算公式如下：

企业股权价值 = 企业价值 – 企业债务

企业债务在企业的资产负债表中会有非常明确的标识。具体计算时，需要注意一点，这里的企业债务特指企业的有息负债。具体来说，企业的有息负债包括短期有息负债和长期有息负债，一般有短期借款、一年内到期的长期借款、应付债券、长期借款、长期应付款等几项。

在企业运营过程中，有些应付款也可能带有利息，但这里不做讨论。站在会计的角度看待债务问题就会发现，有息负债和无息负债是完全不同的概念，无息负债不会减少企业的利润，而有息负债则可以通过财务费用减少企业的利润。

企业的股权价值，也并不是可以直接用于计算股票内在价值的基础数据。事实上，很多企业的股权价值中，还包含了一部分少数股东权益价值。由于很多上市公司都拥有数量不等、控股程度不等的子公司，这些没有达到100% 控股权的子公司，必然有其他股东。企业在汇总财报时，会将这部分人在上市公司中的权益单独列明，即少数股东权益。上市公司的股权价值计算方法如下：

上市公司股权价值 = 企业股权价值 – 少数股东权益价值

这里有一个问题需要理清。前面介绍过，企业的股权价值中，有相当大一部分是通过未来数年的自由现金流折现计算出来的。因而，投资者不能简单地以某一年度的少数股东权益价值作为基数，从企业的股权价值中直接减掉，而要通过计算少数股东权益价值占整个上市公司股权价值的比值，来扣除少数股东的权益价值。因此，在计算时，上述公式可表述为：

上市公司股权价值 = 企业股权价值 ×（1 – 少数股东权益占比）

$$少数股东权益占比=\frac{少数股东权益}{股东权益合计}\times 100\%$$

少数股东权益和股东权益合计，可以通过股票当年的权益数值计算，如图 8-5 所示。

所有者权益（或股东权益）(元)	2018	2017	2016	2015	2014
实收资本（或股本）(元)	41.15亿	31.73亿	21.20亿	12.57亿	8.32亿
资本公积(元)	35.95亿	45.38亿	56.57亿	19.04亿	22.51亿
减：库存股(元)	--	5107.92万	9369.11万	1.31亿	--
其他综合收益(元)	1.63亿	1.86亿	-347.37万	-3190.86万	-753.57万
盈余公积(元)	2.89亿	2.65亿	2.21亿	1.33亿	6559.46万
未分配利润(元)	73.36亿	48.27亿	33.51亿	23.96亿	14.51亿
归属于母公司所有者权益合计(元)	154.98亿	129.38亿	112.52亿	55.27亿	45.92亿
少数股东权益(元)	11.77亿	9.87亿	8.78亿	3.51亿	3.72亿
所有者权益（或股东权益）合计(元)	166.75亿	139.25亿	121.30亿	58.79亿	49.64亿
负债和所有者权益（或股东权益）合计(元)	364.41亿	268.86亿	209.55亿	115.87亿	96.92亿

图 8–5 立讯精密相关财务数据

立讯精密 2018 年度的少数股东权益为 11.77 亿元，股东权益合计为 166.75 亿元。少数股东权益占比计算如下：

$$\text{少数股东权益占比} = 11.77/166.75 \times 100\% = 7.06\%$$

关于少数股东权益占比的问题，有一点需要特别注意。由于少数股东权益与其所属子公司的利润密切相关，当这些子公司的运营情况好于整个上市公司时，少数股东权益的占比可能有逐渐增加的倾向；反之，若这些子公司的运营情况比上市公司差时，少数股东权益的占比会越来越小。若某一子公司出现巨额亏损，那么投资者需要调整这一算法。总之，一般情况下，投资者还是可以应用这一方法计算股东权益情况的。

五、以自由现金流为核心的股票价值估算

下面以立讯精密为例，讲解以自由现金流为核心的股票估值方法。

立讯精密作为定制化连接器的代表企业，其收入主要来自各类连接器产品以及消费电子、汽车电子互联产品及精密组件。

立讯精密最初给人的感觉是一家生产 PC 连接器的企业，但随着在连接器领域不断深耕，逐渐由 PC 延伸到消费电子，同时领先布局通信、汽车领域连接线业务，并涵盖其他零组件。目前，立讯精密已经成为苹果公司的核心部件供应商。

下面先来汇总一下立讯精密的基础财务数据。为了计算需要，我们至少需要提取 5 年的相关财务数据（投资者可根据下面提供的三张表格收集自己拟评估的企业相关数据），如表 8-2、表 8-3 和表 8-4 所示。

表 8–2 立讯精密基础财务数据表

单位：亿元

项目 \ 时间	2018 年	2017 年	2016 年	2015 年	2014 年
营业收入	358.5	228.26	137.63	101.39	72.96
货币现金	38.2	40.08	46.37	20.42	22.42
利润总额	32.82	20.39	13.89	12.93	8.64
所得税	4.69	2.91	2.07	1.61	1.25
少数股东权益	11.77	9.87	8.78	3.51	3.72
所有者权益	166.75	139.25	121.3	58.79	49.64
金融资产	1.71	2.79	0.54	0.33	—
长期股权投资	3.29	0.58	0.46	0.34	0.34

表 8–3 立讯精密现金指标数据表

单位：亿元

项目 \ 时间	2018 年	2017 年	2016 年	2015 年	2014 年
现金流量净额	31.42	1.69	13.1	4.87	3.21
固定资产等折旧	9.84	6.5	4.38	2.91	2.03
无形资产摊销	0.24	0.2	0.1	0.08	0.078
长期待摊费用摊销	1.48	0.49	0.5	0.43	0.2
处置固定资产、无形资产等损失	0.046	−0.007	−0.09	0.037	−0.016

表 8–4 立讯精密债务与费用指标数据表

单位：亿元

项目 \ 时间	2018 年	2017 年	2016 年	2015 年	2014 年
短期借款	56.64	45.24	30.52	26.65	21.26
应付债券	—	—	—	—	—
一年内到期非流动资产（长期借款）	0.69	0.27	0.16	1.3	0.13
长期借款	14.99	7.06	0.84	1.4	2.84
长期应付款	—	—	—	—	—
利息支出	2.11	1.07	0.89	0.67	0.66

注：利息支出需要投资者查看企业发布的详细财务报告，一般在财务报告附注中的财务费用表格中。

财务数据收集完成后，投资者可以尝试进行一些基础数据的计算。

第一步，历年自由现金流计算。

投资者可调用前面介绍的计算公式计算自由现金流。

自由现金流 = 经营活动现金流量净额–资本性支出

= 经营活动现金流量净额–固定资产折旧–

无形资产和长期待摊费用摊销–处置长期资产的损失

表 8-2 中逐项都有数据，只需进行简单的减法运算即可得到过去 5 年的现金流数据。以 2018 年为例来计算：

2018 年的自由现金流 =31.42 – 9.84 – 0.24 – 1.48 – 0.046

=19.814（亿元）

投资者可依次计算出 2017 年、2016 年、2015 年和 2014 年的自由现金流数据。并填入表 8-5 中。

第二步，历年有息债务数据核算。

有息债务的核算非常简单，就是将表 8-4 中的债务项目（利息支出不属于）进行汇总计算，以 2018 年的债务数据为例。

2018 年的有息债务总额 = 短期借款 + 一年内到期的非流动资产 + 长期借款

=56.64+0.69+14.99

=72.32（亿元）

由于立讯精密没有发行债券，也没有长期应付款，所以这两项空缺。投资者可依次计算出 2017 年、2016 年、2015 年和 2014 年的有息债务数据，并填入表 8-5 中。

第三步：分别计算少数股东权益占比和实际所得税税率。

其中少数股东权益占比可以直接用表 8-1 中的数据进行计算，以 2018 年数据为例。

少数股东权益占比 = 少数股东权益 / 所有者权益总额 × 100%

=11.77/166.75 × 100%

=7.06%

投资者可依次计算出 2017 年、2016 年、2015 年和 2014 年的少数股东权益占比数据，并填入表 8-5 中。

实际所得税税率也可以直接用表 8-1 中的数据进行计算，以 2018 年的数据为例。

实际所得税税率 = 实际支付所得税金额 / 利润总额 × 100%

=4.69/32.82 × 100%

=14.29%

也就是说，一般企业的所得税税率为 25%，但立讯精密因其所处的行业属于高新技术行业，享受了所得税优惠，使得其所得税税率相对较低。投资者可依次计算出 2017 年、2016 年、2015 年和 2014 年的所得税税率，并填入表 8-5 中。

同时，投资者也可以将利息支出、所有者权益重新代入表 8-5 中，如表 8-5 所示。

表 8–5 立讯精密初步运算后的财务数据表

单位：亿元

项目 \ 时间	2018 年	2017 年	2016 年	2015 年	2014 年
自由现金流	19.814	–5.493	8.21	1.413	0.918
有息债务总额	72.32	52.57	31.52	29.35	24.23
少数股东权益占比	7.06%	7.09%	7.24%	5.97%	7.49%
所有者权益	166.75	139.25	121.3	58.79	49.64
实际所得税税率	14.29%	14.27%	14.9%	12.45%	14.57%
利息支出	2.11	1.07	0.89	0.67	0.66

第四步：利用表格中的数据，计算债务成本率，进而计算加权资本成本率。以 2018 年的数据为例。

债务成本率 = 利息支出 / 有息债务总额 × 100%

$$=\frac{\text{本年度利息支出}}{（\text{上一年度有息债务总额}+\text{本年度有息债务总额}）\div 2}\times 100\%$$

$$=\frac{2.11}{（52.57+72.32）\div 2}\times 100\%$$

=3.38%

投资者可依次计算出2017年、2016年和2015年的债务成本率。根据计算结果可知，立讯精密的整体债务成本率相对较低。以2018年的3.38%为基础计算该股未来的加权资本成本率，其计算公式如下：

$$W=\frac{D}{D+E}\times K_D\times(1-t)+\frac{E}{D+E}\times K_E$$

其中：

W代表企业的加权平均资本成本率。

D代表企业的有息债务额，2018年为72.32亿元。

E代表企业的股权资本额，以2018年所有者权益为基准，即166.75亿元。

K_D代表企业的债务成本率，即3.38%。

K_E代表企业的股权资本成本率，按照前面所说的，以预期9%为基准。

t代表企业的实际所得税税率，以2018年的14.29%为准（因各年所得税税率差异不大，因此以2018年为准）。

加权资本成本率为：

$$W=\frac{72.32}{72.32+166.75}\times 3.38\%\times(1-14.29\%)+\frac{166.75}{72.32+166.75}\times 9\%$$

$=7.15\%$

第五步：根据已知数据，预测未来企业自由现金流的增速情况。从表8-5中的数据可知，在过去的5年里，立讯精密的自由现金流并不稳定，这与科技行业面临的竞争形势有关。未来3年内，立讯精密有望保持较为强劲的自由现金流增速，这一点从2018年的自由现金流情况可以得到验证。我们认为未来3年，该企业的自由现金流有望保持15%的增速，但在3年后，有可能重新进入稳定增长态势，预期稳定在4%左右，与此同时，加权资本成本率也会下降至6.15%。因此，需要采用两阶段法来预测立讯精密的未来现金流总额。我们以2018年的自由现金流净额为基准值（有时候，投资者也可以将之前5年的自由现金流的平均值作为基准数据）。

首先需要逐年计算前3年的自由现金流数额，然后根据第三年的自由现金流（这里是第三年的自由现金流数值而非折现值，大家要注意区分）数值，计算后面若干年的自由现金流总和。

第一年的自由现金流折现：

$$V_1=\frac{F_0(1+g_1)}{(1+W_1)}=\frac{19.814\times(1+15\%)}{(1+7.15\%)}=21.27\text{ 亿元}$$

第二年的自由现金流折现：

$$V_2=\frac{F_0(1+g_1)^2}{(1+W_1)^2}=\frac{19.814\times(1+15\%)^2}{(1+7.15\%)^2}=22.82\text{ 亿元}$$

第三年的自由现金流及折现（因后面计算的需要，单提出第三年的自由现金流数值，其实，第三年的自由现金流数值就是折现公式的分子部分）：

$$V_3=\frac{F_0(1+g_1)^3}{(1+W_1)^3}=\frac{19.814\times(1+15\%)^3}{(1+7.15\%)^3}=24.5\text{ 亿元}$$

$$F_1=F_0(1+g_1)^3=19.814\times(1+15\%)^3=30.13\text{ 亿元}$$

按照两阶段自由现金流贴现模型，从第四年开始转入低速永续增长轨道。其计算公式为：

$$V_{3-n}=\frac{F_1(1+g_2)}{(1+W_1)^n(1+W_2)^1}+\frac{F_1(1+g_2)^2}{(1+W_1)^n(1+W_2)^2}+\frac{F_1(1+g_2)^3}{(1+W_1)^n(1+W_2)^3}+\cdots+\frac{F_1(1+g_2)^\infty}{(1+W_1)^n(1+W_2)^\infty}$$

$$V_{3-n}=\frac{F_1(1+g_2)}{(1+W_1)^n(1+W_2)^1}\left[1+\frac{(1+g_2)^1}{(1+W_2)^1}+\frac{(1+g_2)^2}{(1+W_2)^2}+\cdots+\frac{(1+g_2)^\infty}{(1+W_2)^\infty}\right]\quad①$$

投资者在等式两边同时乘以 $\frac{1+W_2}{1+g_2}$，可以得到一个新的等式：

$$\frac{1+W_2}{1+g_2}V_{3-n}=\frac{F_1(1+g_2)}{(1+W_1)^n(1+W_2)^1}\times\frac{1+W_2}{1+g_2}\left[1+\frac{(1+g_2)^1}{(1+W_2)^1}+\frac{(1+g_2)^2}{(1+W_2)^2}+\cdots+\frac{(1+g_2)^\infty}{(1+W_2)^\infty}\right]$$

$$\frac{1+W_2}{1+g_2}V_{3-n}=\frac{F_1(1+g_2)}{(1+W_1)^n(1+W_2)^1}\left[\frac{1+W_2}{1+g_2}+1+\frac{(1+g_2)^1}{(1+W_2)^1}+\cdots+\frac{(1+g_2)^\infty}{(1+W_2)^\infty}\right]\quad②$$

用等式②减去等式①可以得出如下等式：

$$\frac{W_2-g_2}{1+g_2}V_{3-n}=\frac{F_1(1+g_2)}{(1+W_1)^n(1+W_2)^1}\times\frac{1+W_2}{1+g_2}$$

$$V_{3-n}=\frac{F_1(1+g_2)}{(1+W_1)^n(W_2-g_2)}$$

其中：

F_1 代表第 n 年的自由现金流（这里第一阶段为 3 年，F_1 为第三年的自由现金流量）。

g_2 代表第二阶段稳定的自由现金增长率，即 4%。

投资者如果对前面介绍的两阶段模型不够理解，不会应用的话，可以直接在转入永续增长阶段后，用上述等式计算第二阶段的自由现金流总和。第一阶段的自由现金流需要按照之前的公式逐年计算得出，并以第一阶段最后一年的自由现金流（本案例为第三年的自由现金流）为基准，计算后面的永续现金流。将前面的数据代入上述公式（W_1=7.15%，W_2=6.15%），其中，这里 n 为 3 年。

$$V_{3-n}=\frac{F_1(1+g_2)}{(1+W)^n(W-g_2)}$$

$$=\frac{30.13\times(1+4\%)}{(1+7.15\%)^3(6.15\%-4\%)}$$

$$=1\ 205.38\text{（亿元）}$$

接着，需要对各年的自由现金流进行汇总计算，如下：

$$V=V_1+V_2+V_3+V_{3-n}$$

$$=21.27+22.82+24.5+1\ 205.38$$

$$=1\ 273.97\text{（亿元）}$$

第六步：根据已知数据，计算企业价值。

企业价值 = 金融资产价值 + 长期股权投资价值 + 经营自由现金流贴现价值

其中，金融资产价值包括货币资金和金融资产。以 2018 年年底的财务报表数据为基准，将表 8-1 中的数据代入公式。

企业价值 = 金融资产价值 + 长期股权投资价值 +

经营自由现金流贴现价值

=（金融资产价值 + 货币资金）+ 长期股权投资价值 +

经营自由现金流贴现价值

=1.71+38.2+3.29+1273.97

=1 317.17（亿元）

第七步：根据已知数据，计算企业股权总价值。

股权价值 = 企业价值 – 企业负债

在计算企业负债时，仅以最近一期（本案例选择 2018 年度）有息负债作为计算依据（表 8-4 中有 2018 年度的企业负债数据）。

股权价值 = 企业价值 – 企业负债

=1 317.17 – 72.32

=1 244.85（亿元）

第八步：根据已知数据，计算上市公司的股权总价值。由于上市公司的企业价值中涵盖了相当数量的子公司权益，而上市公司可能并没有 100% 控股这些子公司，因而，这些子公司的其他股东（即少数股东）也会享有一部分企业的股权。在计算上市公司的价值时，必须扣除这部分权益。

少数股东权益占比在表 8-5 中已列明。这里仍选择 2018 年年底的数据。

上市公司股权价值 = 企业股权价值 – 少数股东权益

= 企业股权价值 ×（1 – 少数股东权益占比）

=1244.85 ×（1 – 7.06%）

=1 156.96（亿元）

截至 2018 年年底，立讯精密的总股数为 41.15 亿股，对应股权价值为 1 156.96 亿元，则可计算出每股的内在价值。

立讯精密每股价值 =1 156.96/41.15

=28.12（元 / 股）

截至 2018 年 12 月 28 日，立讯精密的收盘价为 14.06 元。对照 28.12 元的每股内在价值，该股股价存在一定程度的低估。当然，这个价值分析是建立在 2018 年自由现金流以及在 3 年内每年增长 15% 的基础之上的，若自由现金流出现加速迹象，则企业的估值必须随之调整。

六、应用自由现金流法注意事项

尽管自由现金流法力求通过精确的计算推算出股票真实的内在价值，然而，在实际操作中，也存在诸多不足和弊端。概括起来包括以下几项。

第一，尽管加权平均资本成本率是通过对债务和股权结构的计算获得，但预期投资收益仍存在一定的主观性。

第二，与加权平均资本成本率相似，自由现金流的增速具有很大的波动性。比如案例中的立讯精密，2017 年的自由现金流出现了负值，2018 年又出现了大幅增长，2019 年的涨幅可能会更大，也就是说，自由现金流是增长还是下跌，与行业的景气程度密切相关，这也是投资者需要在之前的行业分析中做足功课的。投资者不能单独依靠自由现金流来计算股票内在价值，还要对整个股票质地进行全面、综合的分析。

第三，在分析企业自由现金流时，还要注意一次性的或不可复制性的现金流流入情况。由于很多投资机构和投资者越来越重视对企业现金流的分析，很多企业可能在年底采用一些方法突击提升现金流水平，以抬升企业的整体估值水平。

第四节　股票估值与安全边际

通常情况下，股票价格会围绕股票的内在价值波动。作为投资者需要在股票价格低于内在价值时择机入场，并在股票价格高于内在价值时离场。那么，到底应该在股价低于内在价值多少时入场，就涉及一个安全边际的问题。

一、股票估值

股票估值是价值投资的核心。股票内在价值与股票价格之间的关系如图8-6所示。

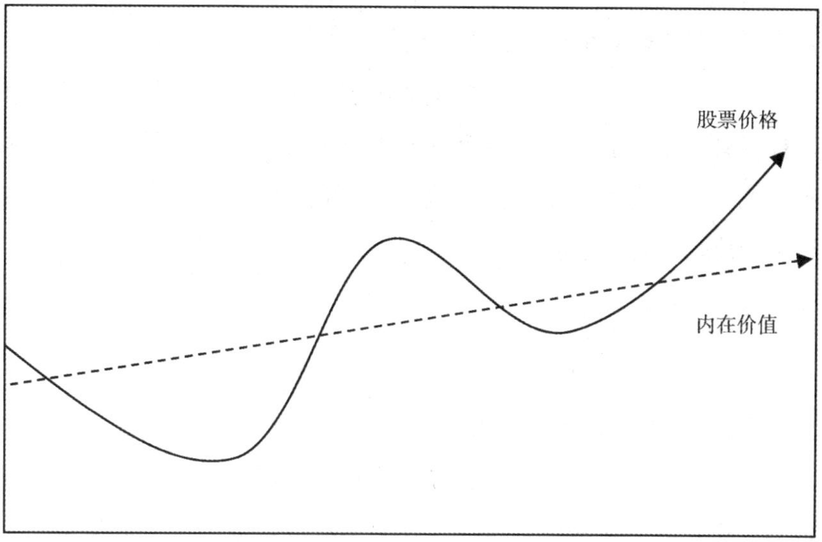

图 8-6　股票内在价值与股票价格之间的关系

在朝阳产业中，随着经济和社会的发展，企业的经营也会越来越好，因此，股票的内在价值也会随之不断上升。然而，股票价格并不会与其内在价值同步上升，这是由于股票价格除了与内在价值有关，还与外在的投资者情绪、市场资金状况有关。股价总会出现连续上涨或下跌的走势，不过，总体上来说，股价还是会围绕其内在价值波动的，这也是进行股票估值的原因所在。

无论是通过相对估值法还是绝对估值法，我们都是试图获得相对准确的估值或者股票价格相对高低程度的信息，然而，现实是到目前为止，关于估值我们仍然无法做到精确。原因包括以下几点。

第一，数据不足或不够准确。通常情况下，我们以上市公司公布的财务报告作为股票估值的数据来源，然而，这些数据信息还是会与真实的企业运营信息存在差距。同时，一些缺乏诚信的管理层可能还会隐瞒部分重要的财务信息，以诱导投资者做出错误判断。

第二，未来具有很大的不确定性。无论估值多么准确，我们得出的结论都是依据过去的财务数据或既成事实，而我们投资股票在很大程度上是在投资未来。未来，影响企业经营的因素、影响股价涨跌的因素还有很多，因此，估值预测很难准确。也就是说，估值其实只能为股价未来的走势提供一定的方向性指示，而非绝对的买入或卖出信号。

第三，股价涨跌会受到市场资金的影响。在这些市场资金流动的背后，反映了投资者的偏好和情绪。当市场处于熊市时，无论股票的估值有多高，市价有多低，投资者都会受到负面情绪的影响纷纷抛出股票。当然，这种时候往往是价值投资者出手的良机。

二、留足安全边际

安全边际，本质上是通过一个绝对数量反映投资者或企业承受风险程度的指标。在价值投资领域，安全边际是投资者进行价值投资的重要依据。比如，一只股票的内在价值为每股 5 元，那么，当股价低于 5 元时，投资者就获得了一定的安全边际。等到股价低于 4 元时，投资者觉得安全边际足够大了，就可以执行买入操作了。换句话说，对于投资者来说，安全边际就是买入股票的保障：安全边际越大，投资安全系数越高；反之，则越低。

通过上面的描述，投资者可以发现，安全边际并不是一个绝对的概念，它与投资者的风险承受能力、股票本身质地等有着密切的关系。

第一，在价值投资领域，股票安全边际的划定依据一般以基于未来的自由现金流计算得出的股票内在价值为基础。也就是说，若投资者通过一系列计算得出股票的内在价值为 15 元，那么，当股价低于 15 元时，投资者就获得了安全边际。

第二，安全边际越大越安全。前面说过，当股价低于其内在价值时，投资者就获得了投资的安全边际。这种安全边际越大，说明股价低于其内在价值的幅度越大，投资者买入这类股票后，未来盈利的可能性也就越大。

第三，不同股票，可以适当调整安全边际的大小。从理论上来说，我们应该为每只股票寻找最大的投资安全边际，然而，即使出现熊市，一些超级绩优股的股价低于内在价值的幅度仍然十分有限。其实，很多价值投资者都会在这些超级绩优股下跌时买入，因此，对于这类股票的安全边际可以设置得低一些，如 20%。也就是说，股价低于内在价值 20% 左右，投资者就可以执行买入操作了。一些交易清淡的股票，投资者可以将安全边际设置得高一些，如 50% 到 60%。特别是在熊市时，这些股票的价格可能会大幅走低，当股价低于内在价值 50% 以上时，就可以介入了。

第九章

外在环境——选择朝阳产业

人们常说，“再好的草地也会有瘦马”。但身处一个拥有广阔未来的行业，肯定比一个身处夕阳产业中的企业更容易取得丰厚的利润。特别是在价值投资领域，投资者更倾向于长线投资，介入一个发展潜力大的行业就显得特别重要了。

第一节　行业竞争态势与企业地位

在市场上，行业不同，竞争态势不同，企业在行业中的地位不同，企业的盈利能力以及竞争能力也会有所不同。

一、行业特点及分类

目前，市场上的行业分类方法很多，根据不同的分类方法，又可以将整个市场中的企业分属于不同的行业。下面介绍几种股市中常用的行业分类方法。

1. 按照产业发展潜力划分

市场上的行业按照发展潜力可以分成夕阳产业和朝阳产业。从字面意义上就可以看出两者发展潜力的区别。朝阳产业，自然是那些新兴产业，未来具有巨大的发展潜力，如科技行业、互联网、新材料、生物制药、基因工程等。夕阳产业是指趋向于衰落的传统工业部门，如煤炭、钢铁、火电厂等。不过，传统工业部门若能与现代科技或互联网技术融合，也可能焕发新的活力。

比如，宝钢股份作为钢铁行业的龙头老大，盈利能力尚可，但其股价长期以来没有太大的起色。如图 9-1 所示。

从图 9-1 中可以看出，宝钢股份的股价在将近 10 年的时间里几乎没有上升，还下跌了几毛钱。投资者若观察宝钢股份的财务报表会发现，该股的财务数据还是相当不错的，2018 年年度每股收益达到了 0.97 元，净资产收益率也高达 12.71%，静态市盈率仅为 5.45 倍。然而，市场始终对这些夕阳产业存有疑虑，因而股价一直没有太大的起色。

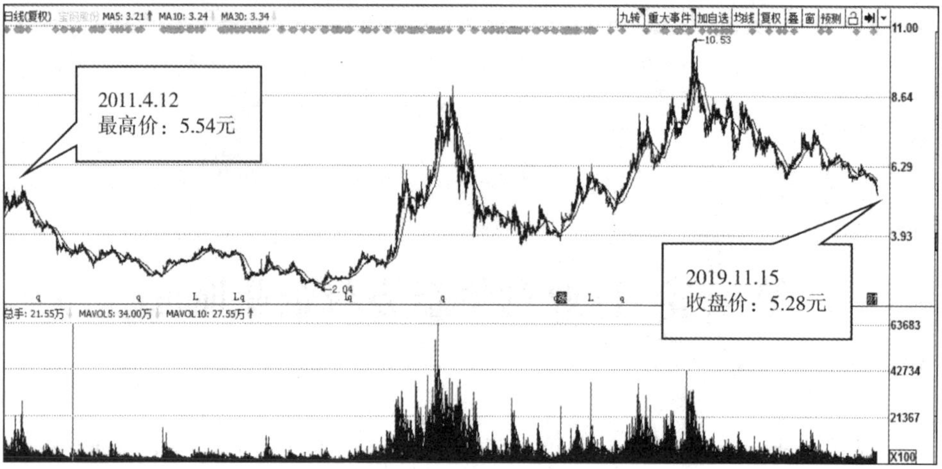

图 9-1 宝钢股份（600019）日 K 线走势图

下面再来看从事安全视频产品研发的海康威视的日 K 线走势图，如图 9-2 所示。

图 9-2 海康威视（002415）日 K 线走势图

海康威视所属的安防视频属于典型的高科技行业，也是朝阳产业。在过去将近 10 年的时间里，海康威视的股价整体上处于震荡上升走势，其股价从 2011 年 5 月底的 1.43 元（复权后价格），一路震荡上行至最高 43.49 元。

2019年海康威视受美国制裁的影响，股价出现了一定程度的下跌，至2019年11月15日收盘价为32.8元，整体市盈率将近30倍，由此可见市场资金对科技行业的偏好。

站在投资者的立场来看，我们还是要优先从朝阳产业中选择投资标的股。目前，国内企业中成长性较好的，如阿里巴巴、腾讯、京东以及百度等企业，无一不是与互联网或科技相关的产业。传统工业部门中的钢铁、煤炭等企业的股票，尽管市盈率和市净率都很低，但由于其属于需要转型的行业，因而很少能得到资金的青睐，股价长期处于低位。

2. 按照与国民经济波动性关系划分

在市场上，有很多行业的发展与国民经济的波动性密切相关，这些行业被称为周期性行业；反之，与国民经济的波动性无关的行业，被称为非周期性行业。

周期性行业最典型的一个特征就是，产品的价格会呈现出周期性波动态势。因国民经济运行的影响，某一时段市场对产品需求较高，使得产品价格走高，企业效益随之上升；反之，产品售价会随着需求的减少而降低，企业效益也会随之走低。比较典型的周期性行业包括水泥、钢铁、有色金属、石油化工以及房地产等行业。比如，2017年石墨烯市场供应趋紧，一时间石墨烯价格大幅上涨，以生产石墨烯为主业的方大炭素股价也随之暴涨。进入2018年后，由于市场上石墨烯生产厂家纷纷扩产，导致供应增加，价格迅速滑落，方大炭素的股价在高位盘整一段时间后，出现了明显的回落，如图9-3所示。

周期性行业具有明显的周期性特点，即经济增长，产品价格上升时，生产企业的股价随之大幅上升。经济下滑，产品需求减弱时，产品的价格与股价会同步下滑。

与周期性行业相对的是非周期性行业。这类行业的特点是无论宏观经济形势如何，需求都不会受到太大的影响。比较典型的非周期性行业包括消费品行业、医药行业、餐饮行业以及日用品行业等。回顾中国股市的发展历程可以发现，正是这些非周期性行业，诞生了一批批超级白马股，如贵州茅台、格力电器、美的集团。同时，由于非周期性行业受国民经济运行态势的影响相对较小，行业中的龙头股经常呈现出震荡上行的态势。

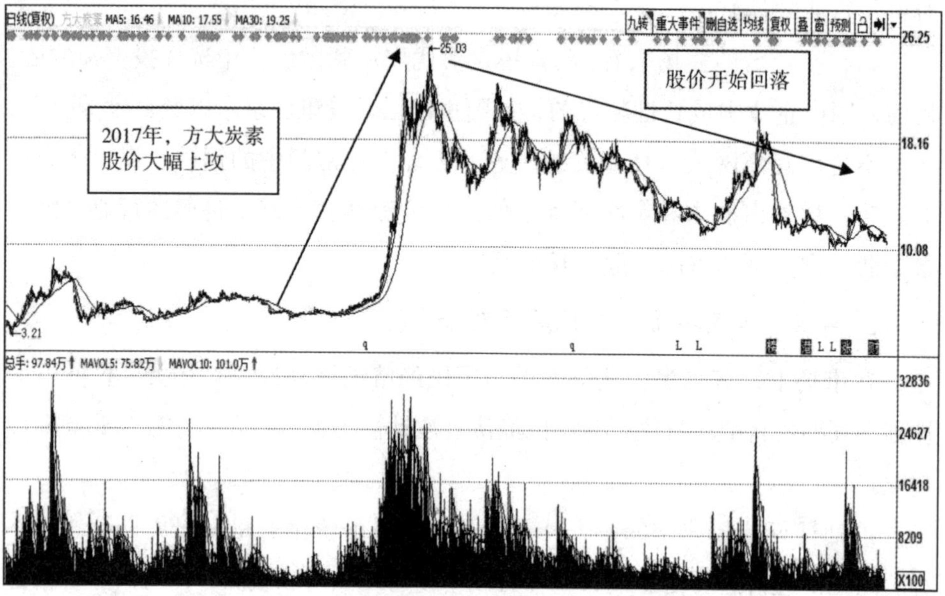

图 9–3 方大炭素（600516）日 K 线走势图

当然，即使属于非周期性行业的股票，其股价也会受到牛市和熊市波动的影响。在牛市中，大部分股票的价格都会快速上涨，而在熊市中，股价又会大幅下跌。区别在于，这些非周期性行业中的龙头绩优股，即使在熊市中，股价下跌也很难会下跌至牛市起涨时的位置，因为这些股票下跌时，很多机构投资者都将其看成加仓的良机，如图 9-4 所示。

从图 9-4 中可以看到格力电器在过去两次大牛市中的表现，即牛市启动后，股价会随着牛市的运行不断走高，但整个市场进入熊市后，股价虽然也会下跌，却仍会高于牛市开启前的价位。其实，这就是大牛股的典型运行态势，也是非周期性行业龙头股的一个典型表现。

二、行业发展阶段及竞争关系

前些年有一本非常畅销的书叫作《蓝海战略》，书中将竞争充分的市场看成“红海”，竞争相对较小的市场则称为“蓝海”。身在“红海”中的企业必须奋力抗争，才可能获得生存的机会，而身在“蓝海”中的企业只需稍稍努力，即可享受丰厚的利润回报。

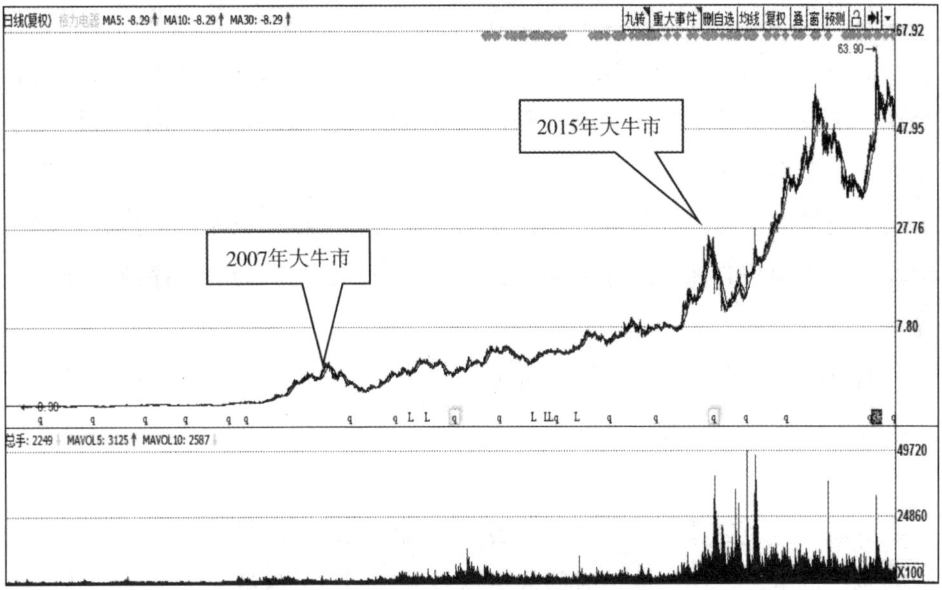

图 9-4 格力电器（000651）日 K 线走势图

行业生命周期理论认为，行业从出现到退出社会经济所经历的时间，大致可以分为四个阶段，即培育期、成长期、成熟期以及衰退期，如图 9-5 所示。

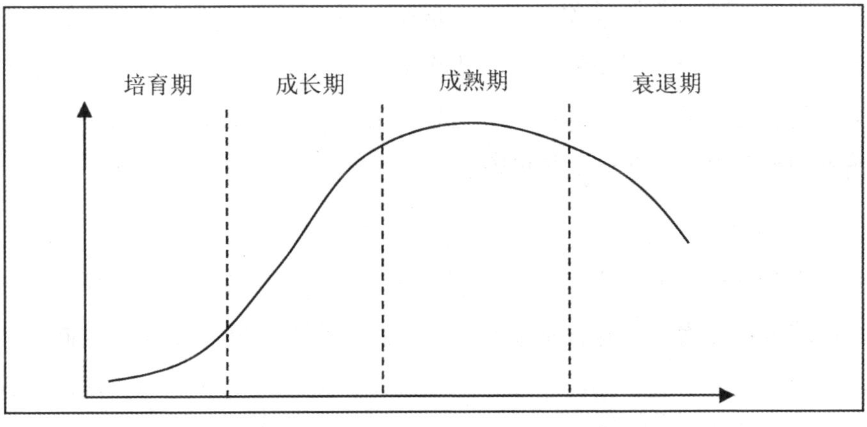

图 9-5 行业生命周期四个阶段

一个行业所处的生命周期不同，行业内部的竞争态势往往也存在很大的差异。

1. 培育期

随着某类新产品的出现，一个全新的行业可能就会呈现在消费者面前。在这一阶段，由于新产品刚刚出现，无论是技术方面还是生产制造方面都不完善，存在很多问题，但市场上没有同类竞争对手或只有很少的竞争对手，市场空间很大。同时，新进入该行业的企业面临的壁垒较小。当然，在这一阶段，由于相关的规则、标准都没有建立起来，也可能会有无序或不良竞争存在。

身处其中的企业，风险与机遇并存。一方面，由于产品或技术并不完善，随时有失败的风险；另一方面，由于市场上竞争对手很少，优质企业很容易获得垄断性的行业地位。

互联网行业创新空间较大，很容易出现新的细分领域或行业。这些企业借助风投资本，往往会在短时间内迅速做大。同时，这些企业为了迅速占有市场，不得不采用“以利润换市场”的策略，致使这些企业在成立初期，财务报表往往会出现亏损数据。

由于A股市场制度方面的原因，一些处于培育期行业内的企业很难在A股获得融资，因而会转投美股市场。这些处于培育期行业内的企业往往更容易孕育出独角兽企业或垄断性的龙头企业，如阿里巴巴、腾讯。科创板的推出有望从制度上解决这一问题，不过，作为投资者还是要保持耐心，毕竟处于培育期行业内的企业，成长风险也是很大的。

2. 成长期

随着行业内企业技术水平的不断成熟，消费者对该行业的认可度逐渐增强，需求也逐渐增加，这都促使整个行业向着更为成熟、稳定的方向发展。随着行业的快速发展，参与企业也越来越多，同时，行业的门槛逐渐抬升。原有的参与者借机扩大市场占有率，行业内的垄断者开始形成。

在这一阶段，行业本身的市场容量将决定未来企业的体量。如果行业规模足够大，天花板足够高，那么，行业内将会产生很多长线大牛股。如格力电器、美的集团等长线大牛股，就是在国内家电市场进入快速成长期后随之成长起来的代表性企业。反之，若整个行业的容量过小或天花板过低，也不利于行业内企业的规模扩张。

3. 成熟期

随着市场竞争不断加剧，行业步入成熟期。行业内的技术壁垒越来越厚，新的参与者进入行业越来越困难，原有的参与者有相当大一部分被淘汰出局。行业内的平均利润率开始触顶回落，企业开始用规模换效益，个别企业在行业内确立垄断性地位。

随着行业内企业的供应量逐渐增长，行业市场开始接近饱和状态，行业内的企业明显分化：一部分企业由于具有垄断性地位，能够保持较为充裕的利润率；另外一部分企业在竞争中处于不利地位，净利润开始萎缩，甚至出现亏损。同时，部分行业内的企业开始寻求技术升级或改造，以期实现生产或业务的转型再发展。

4. 衰退期

由于技术的发展或替代品的出现，行业的生存存在一定的危机。整个行业的市场容量开始下滑，行业内的企业大面积出现亏损，生存状况堪忧。行业内的企业纷纷被淘汰出局，有些企业开始寻求转型，总之，行业的发展让人看不到希望。

行业不同，衰退期持续的时间也会有所不同，有些新技术行业的衰退期非常短暂，行业内的企业可能在极短的时间被后来者替代。一些传统行业进入衰退期后，因为各种各样的原因，还会继续勉强生存。不可否认，在A股市场上，有很多行业已经进入了衰退期，但仍继续存在。因此，投资者在选择股票时，绝不能因为这类企业的股票价格较低、市盈率低，就将其看成价值投资的理想标的。

综上所述，在投资者选择投资标的时，出于投资安全考虑，应优先选择在成长期内具有明显竞争优势的企业。若选择成熟期内的企业，最好选择那些已经确立垄断性优势地位的企业。同时，尽量避免介入衰退期行业内的企业。对于培育期内的企业，如果技术具有明显的优势，投资者即使十分想参与其中，也需要合理控制持仓规模，以降低风险系数。

三、企业所处地位与获利能力

在股市中，即使某一行业受利好刺激而进入上升通道，但行业内股票的上涨幅度和持续时间也会有所不同，因为资金总是特别偏爱行业内的龙头股或领袖企业。其实，这里有一个最基本的逻辑，即数量较少的行业内龙头企业，往往会收割这个行业的大部分利润。也就是说，企业所处的行业地位不同，获利能力也会存在很大的差距。我们对企业行业地位的划分，更多的是从股票投资的角度划分的。

1. 垄断性优势企业

这类企业是整个市场内的行业霸主，企业的发展空间和潜力几乎可以等同于行业的发展空间和潜力。只要行业还有发展空间，企业的成长就拥有足够的空间。这类企业一直是股市中各类资金竞相追逐的对象。当然，股价往往也不会太便宜，如调味品行业中的涪陵榨菜、安琪酵母等，都属于典型的垄断性企业。通常情况下，只要行业和企业的成长逻辑仍然存在，企业遭遇突发性利空事件时，往往都是投资者入场的良机。

2. 行业内的领导企业

在很多行业中，并未形成事实上的垄断型企业，而是有为数不多的几家优势企业居于主导地位，并分享该行业的绝大多数利润。这类企业拥有较高的毛利率和净资产收益率，每年的收益也处于较佳水平。相较而言，这类行业的竞争性更强，也更容易产生一些龙头企业，如白酒领域中的贵州茅台、五粮液、泸州老窖，家电行业中的格力电器、美的集团、海尔智家，医药行业中的恒瑞医药、长春高新。

3. 行业内的追随企业

相较而言，行业内的追随企业永远都是大多数。这类企业的收益水平往往会大幅低于垄断企业和领导企业，很多企业甚至只能在亏损的边缘挣扎。也就是说，年度亏损和年度盈利经常交叉出现。当然，若其中个别企业研发出具有较强竞争力的产品或技术，也可能逆袭成为行业的领导者或垄断者。

总之，企业在行业内的地位，决定了其获利能力与盈利水平。投资者在选择股票时，需要了解行业发展潜力，优先搜集行业内的垄断者和领导者企业名单，为未来的投资决策做参考。

第二节　寻找具有发展潜力的行业

什么样的行业是具有发展潜力的行业？如何寻找具有发展潜力的行业？这是价值投资者不得不首先面对的两个基本问题。

一、三条发展主线

潜力，是一种潜在的能力，是当前并未完全表现出来，预计在未来环境发生变化或出现某些条件后能够兑现的能力。也就是说，我们要寻找潜力行业，很可能是现在不被认可或者并未在业绩指标、财务指标上有更加突出表现的行业。之前，人们喜欢用朝阳产业和夕阳产业来对市场上各类企业所处的行业进行分类，现实的情况是，很多所谓的夕阳产业，经过技术升级或服务升级后，可能开发出新的潜力和利润增长点，进而转化成朝阳产业。因此，在分析这些产业或行业时，应该立足于我们面对的现实，用动态的思维去看待这些产业和行业。

当下和未来不得不面对的现实，包括但不限于以下三方面，如图9-6所示。

1. 人口众多

这是面对所有问题的根本出发点。当然，人口众多带来的不仅仅是挑战和困难，也有机会和发展契机。

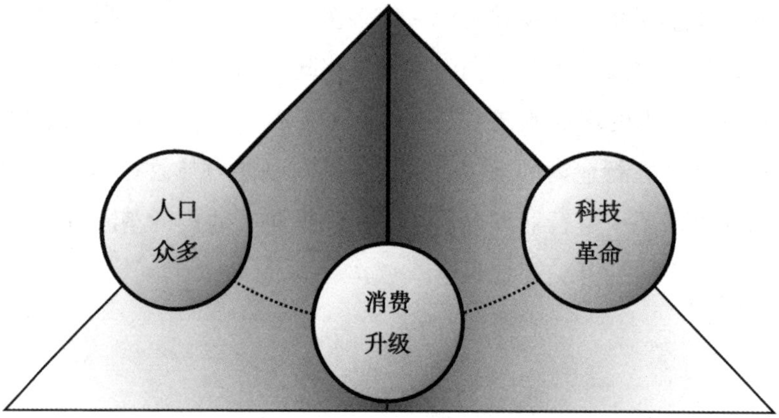

图 9-6 我们所面对的现实

第一，能源与资源方面。

由于人口众多，地球上能够使用的资源又十分有限，这就使得新能源的开发与利用成为未来相当长时间内的发展主线。清洁能源、核能、新兴能源的开发与利用，都可能产生一批业绩较佳的成长股。

第二，消费方面。

人多，消费品的需求永远都不会过时。也就是说，无论现在还是未来，快速消费品行业都会处于成长期。当然，这并不意味着所有快速消费品企业的业绩都会有较快的增长，毕竟消费者的需求也是不断进步的。只有能够紧跟消费者需求变化的企业，才能在未来的竞争中取胜。

2. 经济发展，消费升级

随着经济的不断发展，人们的生活水平不断提高，大家的消费结构、消费质量和层次也在不断提升。在未来相当长的一段时间内，消费结构升级将会催生相当多的成长型企业。当前消费结构升级主要涉及医疗健康产业、教育产业、娱乐文化产业、交通、住宅与旅游等产业。同时，个人的差异化需求也会催生出很多与众不同的、和我们通常理解的企业业务不同的新兴企业。

3. 人工智能、科技革命

人类发展历史上已经进行了多次科技革命，未来还会有若干次科技革命，且每次科技革命间隔的时间会越来越短。以人工智能、生物工程、电子信息技术为代表的新的科技革命，将会给人类带来多大的影响，目前还是个未知数。不过有一点可以肯定，那就是很多革命性的进步，都可能催生出若干家成长型企业，如生物工程技术、人工智能技术、移动支付技术、量子信息技术。

二、市场价值取向

如果投资者对哪些行业能够成为未来的发展主线还不确定的话，可以反向从市场上股票的价格与价值之间的关系来探求未来的发展方向。

1. 平均市盈率指标

前面曾经介绍过，市盈率是反映一个企业市值与盈利能力的指标。市盈率高，一方面说明股票价格可能存在一定的高估，另一方面也反映了市场资金的偏爱程度。若将市盈率指标套用到行业领域，就可以发现资金对某些行业总是特别偏爱。特别是当某些行业的整体市盈率水平总是处于高位时，这些行业很有可能就是未来重点发展的领域。

目前，市场上典型的高市盈率行业包括但不限于如下几个。

第一，生物医药行业，平均市盈率 35 倍（截至 2019 年 12 月初）以上。

第二，国产软件行业，平均市盈率 70 倍（截至 2019 年 12 月初）以上。

第三，5G 行业，平均市盈率 85 倍（截至 2019 年 12 月初）以上。

第四，消费电子行业，平均市盈率 165 倍（截至 2019 年 12 月初）以上。

下面再来看几个低市盈率的行业。

第一，钢铁行业，平均市盈率 6.26 倍（截至 2019 年 12 月初）。

第二，银行行业，平均市盈率 6.96 倍（截至 2019 年 12 月初）。

第三，煤化工行业，平均市盈率 11.41 倍（截至 2019 年 12 月初）。

从上述行业的平均市盈率水平可以看出，科技行业往往更容易获得市场资金的青睐，反之，一些传统行业，特别是钢铁、煤炭等夕阳产业，很难获得资金的认可。其实，这也反映了未来产业发展的规律，即科技行业总是处于引领时代发展的前沿。

2. 平均涨幅与大盘指数对比

拥有广阔未来的行业，其价格指数涨幅肯定会高于整个大盘。也就是说，通过典型的行业指数与大盘指数对比，也可以看出哪些行业有更广阔的未来，如图 9-7 所示。

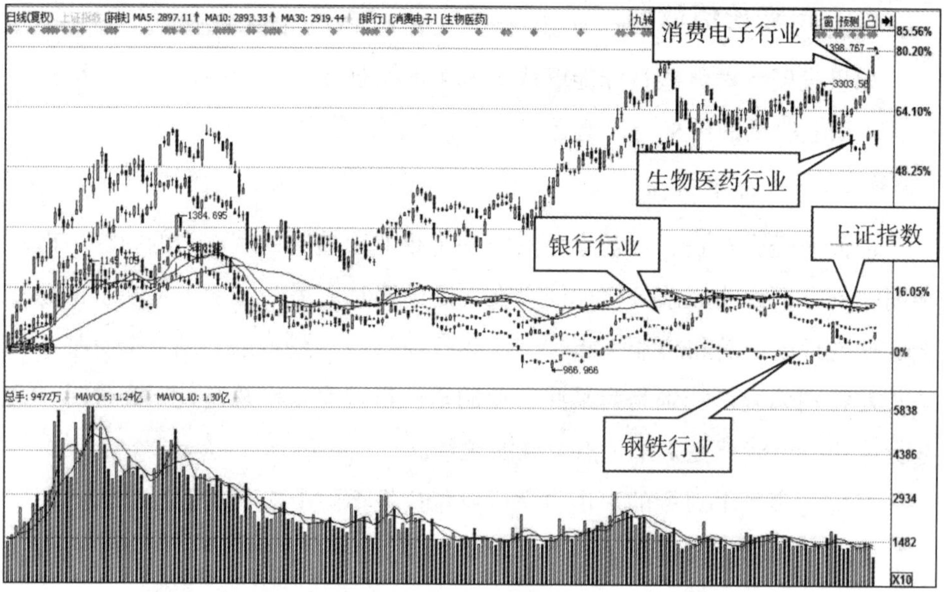

图 9-7 行业指数与上证指数对比走势图

从图 9-7 中各行业指数的走势可以看出，生物医药和消费电子在 2019 年的涨幅明显高于大盘指数，而钢铁和银行等行业的指数弱于大盘指数，这也说明消费电子和医药生物行业的前景更被市场看好。

第三节 潜力板块——大众消费品

人口众多与持续的经济增长、消费升级，为大众消费品行业提供了长期增长的保障。

一、大众消费行业面临的机会

作为一个永不过时的产业，相比其他产业，大众消费行业往往孕育着更多的投资机会。这种历史性的发展机遇与以下几个方面因素密不可分。

1. 消费支出增长拉动 GDP

随着社会各项投资拉动经济的能力趋弱，消费支出对 GDP 增长的贡献越来越大。消费支出已经成为拉动国民经济增长最大的推动器。特别是 2018 年消费支出对 GDP 增长的贡献率超过了 70%，如图 9-8 所示。

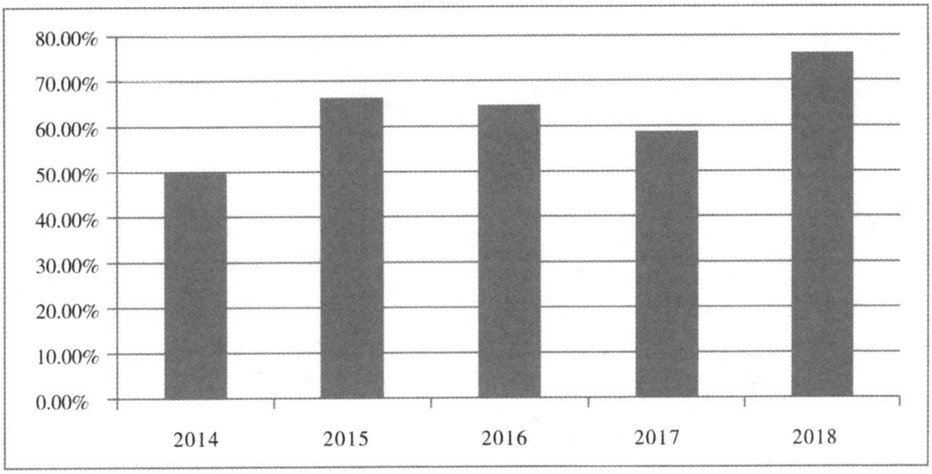

图 9–8　消费支出增长对 GDP 的贡献率

从图 9-8 中可以看出，2015 年以后，消费支出对 GDP 增长的贡献率大多超过了 60%。与此同时，社会消费品零售增速始终高于 GDP 增速，消费支出成为推动 GDP 增长的主要力量。近年来，随着国际贸易形势不确定性因素的增加，内部投资趋于平缓，GDP 的增长越来越依靠消费支出来推动。也正因如此，政府经常出台一些拉动消费增长的举措，以促进社会经济发展。这些宏观经济措施，无疑可以带动企业相关产品的销售，从而推动相关生产企业乃至行业的大发展。

2. 城镇化趋势加强

随着国民经济的发展，城镇化水平也越来越高，加之棚户区改造、城中村改造以及旧城改造，都将推动和提升城镇化水平。比如，棚户区改造往往是通过实物安置与货币补偿两种方式安置原有居民的，实物安置将会给这些居民提供新的居住环境，货币补偿将会刺激这部分居民的消费需求，从而直接拉动消费品产业的发展。

未来，随着城镇化水平的进一步提升，农村劳动力和居民还将大量向城市转移，这无疑将拉动消费品产业的快速发展。

城镇居民占总人口比率如图 9-9 所示。

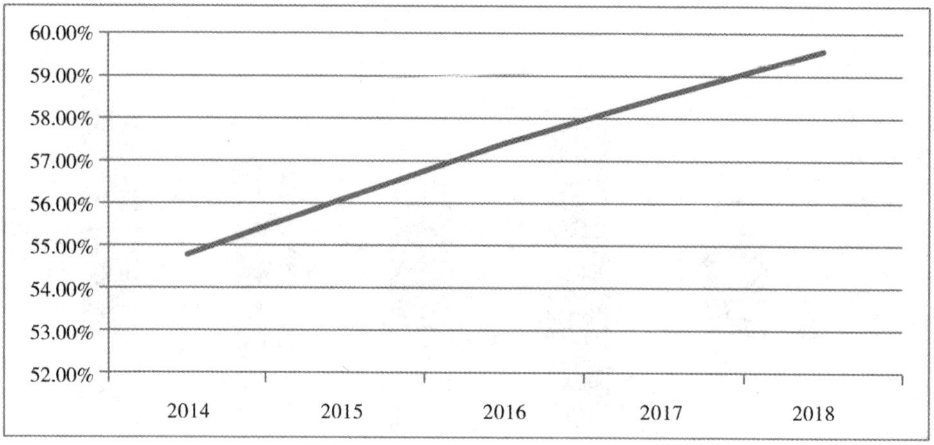

图 9–9 城镇居民占总人口比率

从图 9-9 中可以看出，近年来，我国的城镇化比率一直呈上升态势，2018 年达到了 59.58%，不过距离发达国家平均 75% 的城镇化水平还有很大的提升空间。未来很多年内，城镇化水平还将进一步提升，其对消费行业的提振作用将一直存在。

3. 农民收入提升

相比城镇居民，农民的收入水平还比较低，且消费结构与消费水平都与城镇居民不同。近年来，随着农民收入水平的提升，其消费支出的增幅比城镇居民还要大。当然，这与之前农民的消费能力较低有关。近年来，农村居民的居住消费和医疗消费一直处于较快增长中，而食品、服装消费增速提升幅度开始变小，这与农村居民近年收入增速较高有关。

也就是说，当收入增长达到一定水平后，服装和食品的消费支出必然会降低，这也属于一次消费升级。

与此同时，我国的精准扶贫政策也将拉动消费行业的发展，走出贫困线人口的消费支出也将快速增加，将刺激消费行业的发展。

4. 地产消费占比下降

站在一个更宏观的角度来看待消费支出情况，可以发现，地产支出对消费支出具有明显的挤出效应。也就是说，当居民将更多的钱用于购买住房时，其他消费支出必然会被抑制；反之，当居民购房所需的支出减少时，会推动消费能力的提升。

随着房地产市场“房住不炒”的定调，以及一系列调控措施的推出，房地产市场开始趋于平稳，各大一线城市的房地产销售增速开始下滑，居民用于购房的一次性首付款增速也同步下滑，这都利于居民将更多资金用于消费支出方面。

5. 人口结构切换

未来，对人口结构产生深刻变化的两大因素包括老龄化以及二孩政策。

（1）老龄化。

随着生活水平、医疗水平的提升，人们平均寿命不断延长，我国很多省市已经提前进入老龄化社会。随之而来的老年护理服务、保健用品等消费，出现了持续快速增长，这无疑会刺激相关产业的发展。

（2）二孩政策。

随着全面放开二胎政策的推行，越来越多的家庭选择生两个孩子。当然，未来的生育政策有望进一步放开。这些生育两个孩子的家庭增加，必然刺激相关产品的需求，如更多的婴幼儿用品，适合两个孩子的床以及玩具，甚至育婴服务、幼儿保健服务等，都可能呈现大幅增长态势。

6. 个税改革

政府通过个税改革，提升个税起征点的同时，又增加了医疗、养老、教育以及住房等方面的抵扣，这在一定程度上减轻了居民的税负，增加了这部分人群的消费能力。个税改革最大的受益者为中高端收入者，通过减税可以刺激中高端人群的消费能力，带动相关产品的消费。

二、大众消费行业点评

大众消费行业涉及的细分领域比较多，本书重点选择其中的六类做简单介绍，如图 9-10 所示。

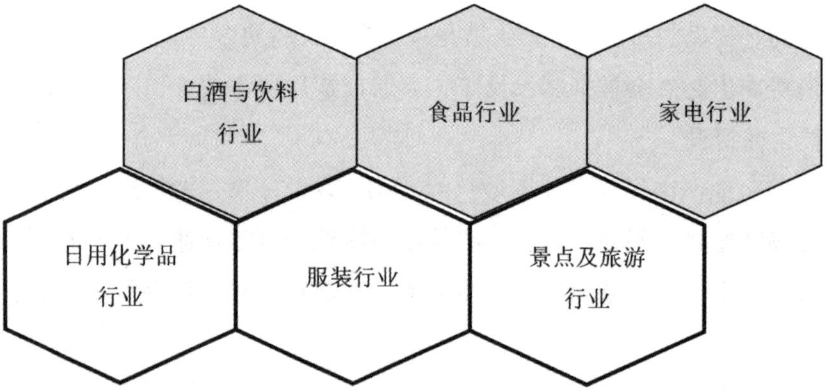

图 9–10 大众消费行业细分

1. 白酒与饮料行业

从整体上来看，白酒与饮料行业是整个消费品行业中诞生白马股最多的一个分类。该类别又可以细分为白酒、啤酒、黄酒和葡萄酒以及饮料等。单从产品分类来看，饮料行业是一个远比酒类更大的分支，比如其中的果汁饮料、碳酸饮料、茶饮料以及含乳饮料等。但是，站在股票投资的角度看待这个行业，就会发现酒类上市公司要多于饮料类上市公司，且酒类上市公司的市场表现更佳。

（1）白酒。

以茅台、五粮液、泸州老窖为代表的白酒阵营，简直就是白马股的摇篮。众多一线白酒品牌都是基金公司的宠儿，就连一些二线白酒品牌，也因其业绩较佳而备受基金公司的喜爱，如牛栏山二锅头所属的顺鑫农业、酒鬼酒等，历年股价都有不错的表现。可以说，很大程度上，大众消费板块的起伏都得看白酒板块，而白酒板块又以茅台、五粮液、泸州老窖马首是瞻。

（2）啤酒。

相对白酒来说，啤酒的饮用量更大，但由于啤酒保质期、口感的问题，导致该行业带有很强的地域特色，很多城市都有本地的啤酒厂商。这就使得啤酒产业除了形成的几家大型企业之外，还存在数量众多的中小型啤酒生产企业。近年来整个啤酒产业的销量接近行业的天花板，市场开拓越发困难，使得各大厂商的营收增长变得十分困难，盈利能力也开始趋弱。未来这些大型的啤酒厂商将会不间断地兼并中小厂商，以实现营收增长。

（3）黄酒及葡萄酒。

黄酒作为一种历史十分悠久的酒类，前些年曾一度呈现出非常积极的发展信号，但近几年又重新开始趋弱。黄酒行业走出江浙沪等区域的道路充满了阻力，但江浙沪黄酒的消费潜力毕竟已经挖掘得差不多了，未来还是要看能否像“凉茶”一样火遍全国。

葡萄酒的情况与黄酒有所不同。在葡萄酒市场上，中高端市场被外资品牌占领，而国内品牌中只有张裕、王朝、威龙等少数品牌有一定的市场影响力，但与外资品牌差距较大，未来还需要进一步培育。

（4）饮料。

饮料行业是一个变数较多的行业，也是分支众多的行业。近年来，随着消费者对健康的重视，碳酸饮料越发不受市场欢迎，果汁饮料和含乳饮料的发展情况较佳。功能饮料作为饮料行业的一个重要分支，前些年虽然火爆了一阵，但繁华过后，只有红牛能够屹立不倒，其他功能型饮料的市场销售额都大不如前。

2. 食品行业

食品行业是消费品行业中一个较大的细分领域，还可以进一步细分为食品制造、休闲食品、调味品以及乳制品等领域。食品制造是一个非常宽泛的领域，从分类的角度看，仍可做进一步细分，不过，这里我们为了寻找合适的投资标的，并未进行细分。

（1）食品制造。

食品制造是一个非常大的范畴，我们日常所需的大米、白面等都属于食品制造的范畴，食用的加工肉类、面包等也都属于食品制造领域。当然，有一些食品同属于几个不同的子类别，比如，面包既可以分类到基本的食品制造领域，也可以分类到休闲食品领域。双汇食品销售的冷鲜肉肯定属于食品制造子行业，但其火腿肠确实可以分类到休闲食品中。此处为了讲述便利，会将这些可能从属于多个子类的企业分到食品制造领域。

（2）休闲食品。

休闲食品是近些年发展非常迅猛的一个子领域，最典型的休闲食品就是大家经常食用的瓜子、糖果等。近年来，随着网上销售的兴起，一些新崛起的休闲食品生产企业迅速走向了行业的前列，比较典型的如三只松鼠、来伊份等。通过连锁销售迅速占领市场的绝味食品，也是非常有代表性的一个。

总之，休闲食品领域近些年崛起的品牌，确实代表了新兴商业模式的成功。

（3）调味品。

调味品本身并不是一个产值巨大的品类，毕竟大家消费的调味品有限。但由于我国人口众多，也孕育了庞大的调味品市场。在这个市场上，诞生了多家具有垄断性地位的企业，如酵母生产企业安琪酵母，榨菜生产企业涪陵榨菜，以酱油著称的海天味业等。这些企业在行业内都拥有较高的市场占有率，形成了某种程度上的垄断。

（4）乳制品。

乳制品行业是一个竞争非常激烈的行业，目前竞争格局相对已经定型，即两家超级巨头（伊利与蒙牛）+多家地方性龙头（包括三元、君乐宝、光明、完达山等）。在可以预见的未来，伊利和蒙牛的地位和排名都不会动摇。值得投资者关注的是，蒙牛与伊利之间的差距是进一步放大还是缩小的问题。

3. 家电行业

家电行业是除白酒行业之外的另一个白马股聚集之地。家电行业的发展几乎与我国消费升级同步，也是反映国民经济发展的一面镜子。从自行车和简单的家电生产，一路发展到今天的各类智能家电，很多曾经的霸主风光不再，很多新兴的家电企业开始崛起。其实，这就是行业发展的现实，不断地吐故纳新，不断地升级换代。

概括说来，家电行业还可以进一步细分为家居家电、厨房家电、个人护理家电以及3C数码家电等。

（1）家居家电。

家居家电是整个家电品类中的核心板块，在这一板块中诞生了格力电器、美的集团、海尔智家、小天鹅（已与美的集团合并）等诸多绩优股，这一板块也是最能反映我国经济发展历程的一个板块。同时，家居家电的单价一般都比较高，该板块的发展需要居民消费能力的提升作支撑。

（2）厨房家电。

除了集成灶等大件电器之外，大部分厨房家电都可以划分到小家电范畴，如豆浆机、电饭煲、面包机、电烤箱、微波炉。有一些企业就是以这些小家电起家的，如九阳股份以豆浆机著称，格兰仕在厨房家电领域掀起了一轮又一轮的价格战，苏泊尔的锅具非常知名。近些年来，很多家居家电企业也开始抢占厨房家电市场，如美的集团的厨房家电发力很猛，也占据了很大的市场份额。

（3）个人护理家电。

对于大多数消费者而言，除了电动剃须刀和吹风机外，可能对个人护理家电品类没有太多的认识。近几年来，电动牙刷以及各类黑科技产品开始走进了消费者的视线。未来，随着消费者需求的日益多样化，个人护理家电品类可能会成为发展势头最猛的一个分类。

（4）3C数码家电。

3C数码家电品类中包括了与大家生活密切相关的产品，如手机与家用电脑等。其实，几年前，数码摄像机、数码照相机、DV等都是这一品类中的王牌。最近几年，随着手机功能的日益强大，特别是照相、录像功能的完善，一部手机大有取代照相机和摄像机的趋势。当然，这是站在普通消费者的立场来看的，若是专业照相或录像，肯定还是需要专业设备的。

就手机这一细分领域来说，目前整个市场形成了三星、苹果和华为三巨头加若干一线品牌和二线品牌的格局。总之，只有位居行业前列的企业，才可能获得较丰厚的收益，而二线或三线品牌的利润则较低。

4. 日用化学品行业

日用化学品行业是一个用途非常广泛，细分领域非常多的行业。目前，整个日化领域，大部分市场被外资品牌垄断，如宝洁、联合利华、高露洁，国内厂商整体实力弱于外资厂商。近年来，国内厂商崛起的步伐较快，在很多领域已经能够与外资品牌一较高下了。例如，洗衣粉领域的立白，洗衣液领域的蓝月亮，牙膏领域的黑人、云南白药。未来，随着消费者对绿色、环保、健康的重视，国内厂商可能会有更大的发展空间。

5. 服装行业

服装行业是一个相对特殊的消费品类。随着经济的发展，服装消费总量并未出现增长，还有所下滑，但是服装消费额仍保持了上升态势。也就是说，随着大家经济条件变好，越来越多的人倾向于选择质量较好、价格较高的服装了。这些服装平均使用寿命也要长于价格低廉的服装。

从服装行业的整体发展趋势看，质量、品牌以及个性化成为消费者最关注的几个要素，而价格相对来说没那么重要了。正因如此，国内的服装企业整体上发展态势并不理想，毕竟国内服装品牌与国际品牌还有一定的差距。同时，国内的服装企业普遍存在库存高企的问题，投资者在选择投资标的时要加以关注。

6. 景点及旅游行业

景点及旅游行业的竞争也比以往更为激烈。从事景点经营的企业很难像以往一样，靠收门票就能过好日子。这些企业如今不得不开展多种经营，将业务扩展至酒店、旅游以及相关的休闲娱乐等项目上。

旅游服务行业面临的竞争形势更为激烈，在旅行社领域，中国国旅一家独大，其大部分利润来自免税店而非旅游团的团费收入。在票务服务方面，由于同质化严重，竞争也比较激烈，盈利日益困难。不过，从大的趋势来看，随着人们收入水平的提升，景点及旅游行业的发展潜力还是非常大的。

三、典型大众消费标的股——贵州茅台

在大众消费品领域，贵州茅台是比较典型的一家企业。因其强大的品牌影响力，悠久的历史和独特的酱香酒品质，深受市场欢迎。贵州茅台的这些优势，是其他企业模仿不了，学不来的，因而形成了事实上的垄断。

在可以预见的未来，这种垄断性优势仍将给企业提供源源不断的利润。当然，企业的利润规模不断放大，并不意味着股价会呈直线上升，其价格走势必然会受到大盘环境的影响，但总体上还是会呈现出明显的震荡上升态势，如图 9-11 所示。

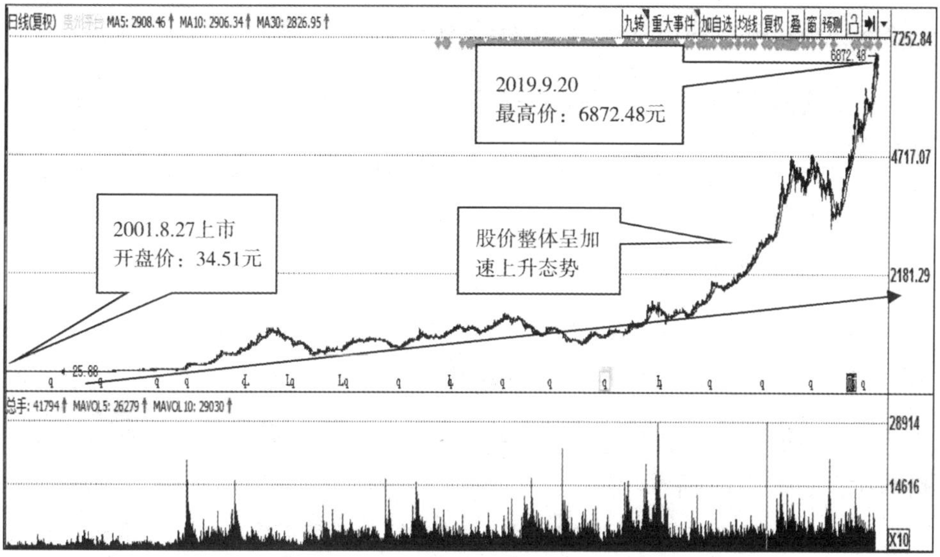

图 9-11　贵州茅台（600519）日 K 线走势图（后复权）

贵州茅台酒在国内享有极高的知名度和美誉度，历来被喜欢喝酒的人士看成高档白酒的代表。贵州茅台酒酿造工艺十分复杂，酿造时间非常长。随着居民收入水平的提升，市场上对贵州茅台酒的需求量越来越大，这就使得

贵州茅台酒不仅不愁卖，还要时不时地采用限量供应的方式，以避免酒价被炒得过高。这些因素无一例外地被反映到茅台酒的股价上。

贵州茅台自2001年8月27日登陆A股市场，以34.51元的价格开盘，截至2019年9月20日，该股股价创出6872.48元（后复权价格）的阶段高点，18年间涨幅接近200倍。

第四节　潜力板块——医药健康

对于投资者特别是偏重于价值投资的投资者来说，找准一个在未来数年乃至数十年内都能保持稳定增长的行业，是非常重要的，医药健康产业就属于这样一个行业。

一、医药健康行业面临的机会

作为朝阳产业，医药健康行业未来面临着前所未有的发展机遇。这种历史性的发展机遇与以下几方面因素密不可分。

1. 人口老龄化趋势

2019年年初，国家统计局发布的最新统计数据：截至2018年年底，我国60岁以上的老年人口达到了2.49亿，占全国总人口的比重为14.9%。结合之前年度的统计数据及相关机构的预测数据，可以看到人口老龄化趋势日趋明显，如图9-12所示。

按照当前的医疗卫生支出计算，老龄人口的医疗卫生支出平均为年轻人的3倍（65岁以上老年人口的年人均医疗卫生支出大约在1 000元以上）。随着老龄人口的大幅增长，医疗卫生支出也会出现大幅增长，其中最为明显的表现包括以下几方面。

第一，随着人口年龄的增长，自身免疫系统也会逐渐下降，生理机能开始退化，老年痴呆、心脑血管疾病以及类风湿性疾病都是老年人的常见病。

第二，老年人口自身角色的改变以及社会角色的改变，极易引起抑郁、孤独、焦虑等不良心理和情绪。同时，由于少子化倾向，老年人口缺乏沟通和交流，使得老年人口的心理疾病也呈现出增长态势。

第三，随着传统家庭观念的淡化，家庭养老功能明显弱化，需要越来越多的社会化养老机构介入养老产业。

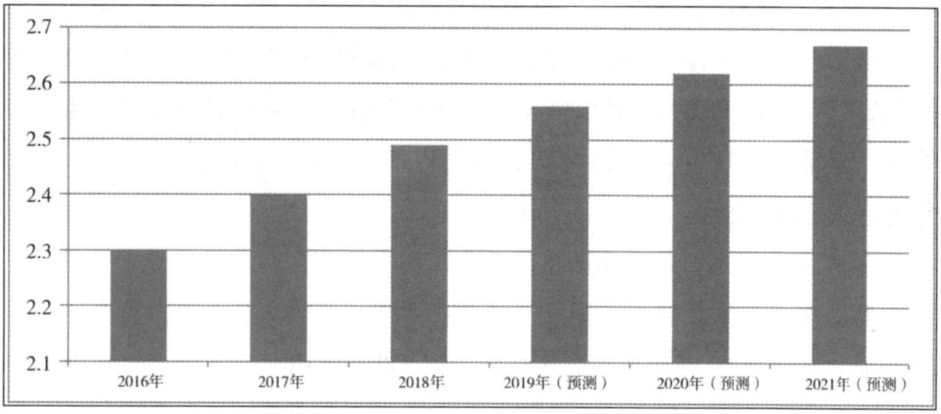

图 9-12　老龄人口数量变动图

2. 慢性病蔓延

慢性病是一类起病隐匿，病程很长，且重复就诊率很高的疾病。很多慢性病起病初期不容易被发现，而到了中后期想要根治又非常困难，这些慢性病已经成了因病致死率最高的疾病。据有关部门统计：近年来脑血管病等慢性病导致的死亡人数，持续占全国总死亡人数的 80% 以上。慢性病发病原因 60% 与个人生活方式相关，同时遗传、气候、社会等多种因素也会影响其发病率。

在众多慢性病中，脑血管病、糖尿病、高血压、呼吸系统疾病等慢性疾病成为我国城乡死亡率最高的几种老年疾病。这就意味着慢性病的防治将成为医疗卫生领域的一个重大挑战，同时也为医药健康企业提供了较大的发展机会。

3. 健康与保健意识提升

随着人们生活水平的不断提升，大家对健康的认识逐渐发生变化，从以前的“没有病即是健康”向健康的真正本义靠拢，即心理上、生理上和社会上等方面都处于良好的状态。这就使得人们日益从“有病开始治病”的态度，向“无病也要防病”“要更加健康”的态度转变。

越来越多的人愿意在提升健康水平和身体保健上支付更高的费用，这也促进了相关医疗机构的快速发展。例如，近些年来，医疗美容产业规模不断扩张，据相关机构的统计数据显示：目前，我国美容机构市场规模已超过 4 500 亿元，从业人员超过 3 000 万人。我国整形美容业以每年 20% 的发展速度递增，整形美容手术以每年超过 20% 的速度增长。近 20 年来，我国医疗美容行业已发展成为涵盖医疗整形、医疗美容、注射美容等领域的庞大的综合产业链。2017 年中国医疗美容行业市场规模达 1 367 亿元，预计 2020 年将突破 2 500 亿元。

在 A 股市场上，最典型的从属于医疗美容行业的企业就是爱尔眼科。作为市场上唯一一家眼科医疗机构，爱尔眼科自 2009 年上市后，股价持续震荡上扬，股价在 10 年时间内翻了数 10 倍，如图 9-13 所示。

图 9-13 爱尔眼科（300015）日 K 线走势图

爱尔眼科的股价自 2012 年 12 月 4 日的最低点 1.65 元（复权后价格）启动上涨，到 2019 年 6 月 27 日涨到了 31.50 元，由此可见市场资金对该股的追捧程度。其实，这也是市场资金对眼科医疗以及医疗美容产业的整体态度，即该行业在未来仍有十分广阔的发展空间。

通过上面的分析可以清晰地看出，我国医药健康产业还有非常广阔的发展空间。同时，与我国巨大的市场空间相比，医药健康企业的发展水平却落后发达国家。截至 2018 年年底，全球最大的医药企业美国瑞辉公司，其年度销售收入为 453.55 亿美元，瑞士最大的医药企业诺华的销售收入为 418.75 亿美元，法国最大的医药企业赛诺菲的销售收入为 343.97 亿美元，日本最大的医药企业武田的销售收入为 142.62 亿美元，而我国最大的医药企业恒瑞医药，销售收入仅为 174.18 亿元。也就是说，相比发达国家的医药企业，我国的医药企业规模还很小，还有很大的发展空间。未来数年内，医药市场上可能会涌现出一批与国际制药巨头相匹敌的医药企业。

4. 两票制

两票制，是指药品从医药生产企业卖到一级经销商开一次发票，经销商卖到医院再开一次发票，以“两票”替代目前常见的七票、八票，减少流通环节的层层盘剥，并且每个品种的一级经销商不得超过 2 个。之前，一种药品出厂后，要经过很多层经销商才能到达医院，销售给患者。期间每经过一层经销商，必然会加价一次，最后，患者拿到的药品价格要比出厂价高出很多。其实，从两票制的定义也可以看出该制度对整个医药经营行业的影响。以前可能市场上存在七到八家经销商，现在只需要一家。对于医药经销商来说，要么成为存活下来的一家，要么成为被淘汰的六到七家。

从该制度的推行来看，对医药经营行业中的大型经销商来说，无疑是一个利好消息。未来，减少经销商层级，势必淘汰大量中小型医药经营企业，而大型医药经营企业则会成为剩下的那一家。也就是说，未来医药经营行业将会进一步趋向集中，对国药股份、华润医药、上海医药以及广州医药等企业的业绩来说，无疑具有很强的刺激作用。

5. 带量采购

2018年11月15日，以上海为代表的11个试点地区委派代表组成联合采购办公室，发布了《4+7城市药品集中采购文件》。其中规定：化学药品新注册分类批准的仿制药品目录，经联采办会议通过以及咨询专家，确定采购品种（指定规格）及约定采购量，业内称为带量采购。

“4+7”城市包括北京、上海、天津、重庆4个直辖市和沈阳、大连、厦门、广州、深圳、成都、西安7个城市，共11个城市。与以往的招标采购不同，带量采购直接明确了采购数量，通过量价挂钩的方式，实现原研药与仿制药的充分竞争。

通过目前已经实施的儿次大规模的带量采购来看，药品中标价格与之前的售价相比出现了大幅度下降，平均降幅达到52%，最高降幅达到96%。对于医药生产企业来说，带量采购对企业业绩的冲击十分大。企业的药品若要中标，就不得不接受大幅度让利降价。另一方面，若药品不能中标，则会失去大部分市场。从长远来看，未来加入带量采购的城市会越来越多，因此，制药企业还像以前靠几种药品躺着赚钱的时代就要结束了。制药企业要想不被淘汰，必须加大力气做好原研药研发，毕竟只有原研药的利润才是最有保障的。

当然，带量采购对制药企业而言并不全是利空，对于研发实力较强且产品质量较佳的企业来说，这也是一个很好的发展契机。带量采购若能中标，将减少企业大量的营销费用，提升产品的知名度和美誉度。

二、医药健康行业点评

医药健康行业涉及的细分领域比较多，概括起来包括但不限于以下7个类别，如图9-14所示。

1. 药物研发与生产

药物研发与生产是一个比较宽泛的概念。美国食品药品监督管理局（FDA）将药品划分成两大类，即原研药与仿制药。目前，即使在美国药品市场上，仿制药也占据 80% 左右的份额，我国药品市场上销售的药物中，98% 以上为仿制药。

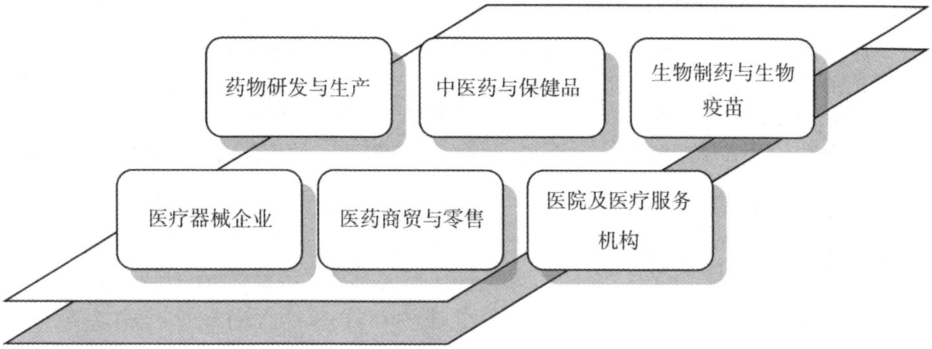

图 9-14　医药健康行业细分领域

单从字面上就可以大致对两种基本药物做一区分。

（1）原研药。

原研药是指原创研究的新药，也就是专利药。通常情况下，原研药的研发周期非常长，一般需要 15 年左右的研发周期，而且投资巨大，还伴随着很大的研发失败风险。正因如此，原研药一般都是由大型制药巨头投资开发完成的。当然，也有一些规模较小的制药厂成功研发了某一具有突破性的药品，但最后很可能这家制药厂连同专利都被大型制药巨头收购了。长期下来，我们就会看到，大多数具有突破性的新药都是由国际著名的制药巨头研发成功的。

一款新药上市之后，会有一段时间的专利保护期（美国的新药专利保护期一般不超过 14 年，我国没有特殊的药品专利保护期，只有普通的发明专利保护期，为 20 年）。这些制药巨头为了在专利保护期内尽可能多地收回新药研发成本和利润，会将新药价格设定在较高的水平。

（2）仿制药。

仿制药是在原研药过了专利保护期后，其他企业按照原研药的成分及构成仿制出来的药品。相比原研药，仿制药的研发周期短，投资少，而且不容易失败。目前，国内制药企业大多数从事的是仿制药的研发与生产。

通常情况下，仿制药在疗效方面与原研药接近，价格要低很多，这也使得仿制药在国内拥有非常广阔的市场。国内主要制药巨头恒瑞医药和复星医药，就是典型的仿制药生产厂商。

在医药研发与生产领域，除了从事原研药和仿制药研发的企业外，还有一类专门从事 CRO（制药研发服务）业务的企业。这类企业可以承接一些原研药企业在研发与临床试验方面的业务，目前，A 股市场上比较典型的 CRO 企业就是药明康德。

2. 中医药与保健品

相对于西药来说，中医药是一个特殊的存在。一方面老字号中医药生产企业在国内享有很高的声誉，另一方面，由于无法满足美国和欧盟等国家和地区对药品检测的规定，无法打开国际市场。目前，每年出口的中药主要以中药提取物为主，而非我们的传统中药。

近几年来，中药工业的总产值呈现了大幅上升态势，特别是 2018 年国家卫生部门取消了中药临床试验环节，这一举措一方面为中医药的发展减少了阻力，可以在一定程度上促进中医药的繁荣，同时，由于没有临床试验的数据，进入国际市场会愈发困难。

保健品领域则是介于药品与食品之间的领域。我国历来有“药补不如食补”一说，使得保健品受到很多消费者的追捧，特别是受到中老年人的青睐，例如，东阿阿胶、汤臣倍健等公司的市值都比较高，反映出市场对保健品领域的认可。

3. 生物制药与生物疫苗

生物制药指运用微生物学、生物学、医学、生物化学等的研究成果，从生物体、生物组织、细胞、器官、体液等，综合利用微生物学、化学、生物化学、生物技术、药学等科学的原理和方法制造的一类用于预防、治疗和诊断的制品。日常生活中常见的一种生物制剂就是疫苗。比如牛结晶胰岛素、人工合成白蛋白等，都属于典型的生物制药。

目前，生物制药涵盖的领域包括基因工程、细胞工程（免疫疗法）、酶工程、发酵工程以及蛋白质、核酸、糖类、脂类等生物药物。不过，相对而言，酶工程、发酵工程的技术难度较小，目前，国内很多生物制药公司多集中于这两类技术，如生产维生素和抗生素都属于酶工程技术，尽管这类企业属于生物制药公司，但技术含量相对较低。

从某种意义上来说，生物制药代表了未来制药发展的方向，也是有广阔未来的一个行业。

4. 医疗器械企业

相比医药行业，医疗器械行业是一个拥有更为广阔创新空间的行业。医疗器械行业的创新难度小于医药行业，而且进入门槛相对较低，这也使得国内的医疗器械企业很多，从生产小型日常使用的医疗器械到心脏支架、医学影像设备等，应有尽有。同时，国家政策环境也有利于该行业的快速发展。

医疗器械行业可以细分为体外诊断器械、医学影像设备、高值医用耗材以及康复设备等。

5. 医药商贸与零售

在整个医药健康产业中，医药商贸与零售也是一个非常关键的环节。医药商贸与零售企业直接对接终端的医生与患者，承担着主要的物流配送职能。这些医药商贸企业包括全国型连锁分销企业，如国药集团、华润医药、上海医药等，也包括一些地区性分销企业，如广州医药、南京医药等。

同时，随着互联网的普及，越来越多的医药分销企业开始涉足电子商务。未来，医药电商有可能重塑整个医药商贸与零售的格局。

6. 医院及医疗服务机构

目前，医院及医疗服务机构涵盖了普通的综合性医药、专科医院、专业的育婴机构（如月子中心等）以及医疗美容服务机构等。数量众多的公立医院属于公益性医疗机构，短期内可能很少会有上市融资需求。一些民营综合性医院特别是专科医院，未来会走向上市融资之路。在众多专科医院中，牙科医院、眼科医院属于比较特殊的两种，也是未来发展潜力最大的两类。

三、典型医药健康标的股——恒瑞医药

从某种意义上来说，国内上市的医药健康企业规模相对较小，因此也就有了更大、更为广阔的发展空间，也为普通投资者提供了更多可以选择的机会。在众多医药企业中，恒瑞医药有可能晋级为医药巨头。恒瑞医药日 K 线走势如图 9-15 所示。

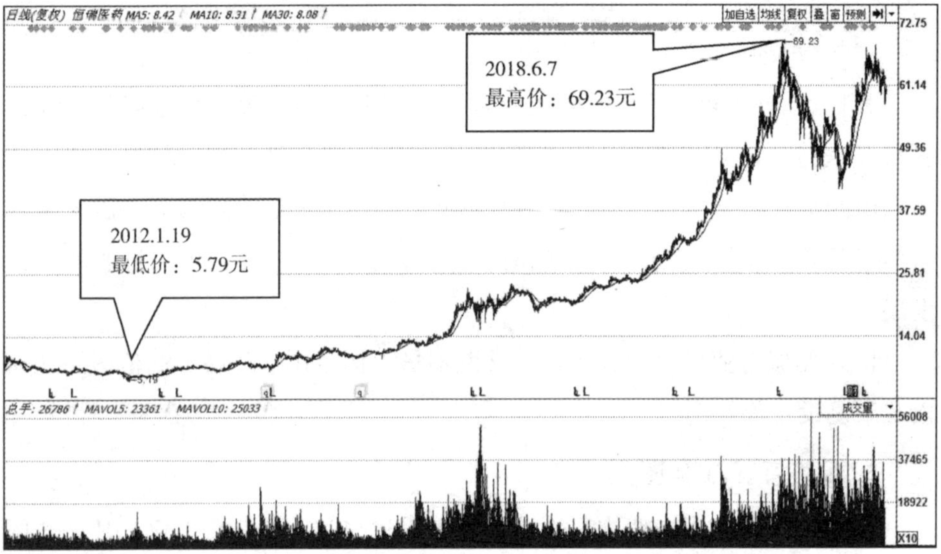

图 9-15 恒瑞医药（600276）日 K 线走势图

恒瑞医药是医药健康行业中的一只典型绩优股，也是很多基金的压仓股。从该股的日 K 线走势图中可以看出，该股股价自 2012 年到 2018 年的 6 年时间里上涨了十余倍。若从该股 2000 年上市伊始算起，该股翻了数百倍之多。由此可见，一只医药健康领域的绩优股是多么受市场欢迎。

一个极具发展潜力的行业 + 业绩持续增长的企业 = 股价持续上涨的超级牛股

这是股市中永恒的等式。当然，有些投资者也可以提出反面案例，比如一些短线暴涨的“妖股”，尽管没有业绩支撑，也可能会上涨十余倍。不过，投资者若将该类股票的日 K 线走势放大拉长，可以发现，这种没有业绩支撑的暴涨注定只是“昙花一现”，根本不具有可持续性，普通投资者特别是倾向于价值投资的投资者也不需要关注。

第五节 潜力板块——科技创新

没有永不过时的技术。一项技术被推向前台，便会有另一项技术被替代。科技不断进步，创新精神永不褪色。在投资科技创新板块内的股票时，不要死守一项技术，而要用创新的思维、发展的眼光看待整个科技创新领域。

一、科技创新行业面临的机会

作为一个永不过时，又实时更新换代的产业，科技创新行业未来面临着前所未有的发展机遇。这种历史性的发展机遇与以下几方面因素密不可分。

1. 新一轮科技革命

回顾人类的发展历史，其实就是一部生动的科技革命史。从石器时代到铁器时代就是一次完全的科技革命。近代以来的几次科技革命，将人类利用自然的水平提升到了前所未有的高度。从以铁路和蒸汽机为代表的第一次科技革命到以电气为代表的第二次科技革命，再到以信息技术、原子能、空间技术和生物工程为代表的第三次科技革命，每次科技革命都会产生和孕育一系列新的机会，诞生一些伟大的企业。眼下世界范围内又在掀起一场全新的科技革命，如人工智能、3D技术、基因技术等，都是比较有代表性的领域。

与此同时，每项革命性的技术出现后，总会带动一大批相关产业的发展。比如，人工智能技术的发展，将会极大程度地改变其他行业和整个社会的生产运作方式。

从以往的经验来看，科技革命发生过程中，一切都处于更新与升级换代之中，身处其中的企业，无论是否愿意，都将参与其中，要么成为科技革命的推动者或变革者，要么成为科技革命的牺牲品。

机会就在那里，就看你能不能把握住！

2. 创新，获得更大的发展空间

随着国民经济进入新常态，既需要新的需求拉动，也需要科技创新的带动。正因如此，近年来，“创新”一词被反复提及，创新型企业、创新型项目也更容易获得社会、资本的支持。

近年来，各大风投机构主要的投资方向无一不是具有开创型的项目。据有关机构统计，最近 5 年风投机构投资的项目中，涉及最多的行业分别为互联网、IT、娱乐传媒、金融、电信及增值行业等。在这些企业中，多数都是具有鲜明创新特点的企业。

毕马威发布的《风投脉搏》给出的数据显示：2018 年，中国风投交易额达到了 705 亿美元，相比 2017 年的 461 亿美元，足足上升了 52.9%。由此可见社会资金对创新项目的支持力度，也体现了这些资金对国内创新项目的信心。

与此同时，阿里巴巴、百度、腾讯、京东等大型科技巨头企业，也纷纷在科技创新领域布局，力求引领科技行业的发展。

3. 关键核心技术突破迫在眉睫

自 2018 年开始的中美贸易摩擦，让我们更加认清了一个现实，即核心技术若不是掌握在自己手中，就容易受到攻击和限制。华为与中兴面对制裁的表现，让更多企业坚定了这样一个信念，即必须突破关键的核心技术。

我国政府从更加宏观的角度，制定和发布了一系列有关科技发展的战略规划，其目的也是希望我们的企事业单位、科研单位能够在关键的核心技术领域取得突破。

技术攻关，迫在眉睫，这也为很多科技创新型企业提供了一次跨越式发展的契机。谁能率先在受制约的领域取得技术方面的突破，谁就可能享受技术壁垒带来的红利。为此，很多大型企业纷纷发布了雄心勃勃的科研攻关计划，比如芯片领域、国产操作系统领域、关键核心电子元器件领域等都在行动。

4. 新的消费需求孕育新机会

万事万物彼此关联，又互相促进。在新的科技产品的刺激下，新的消费需求不断产生，新的消费需求又推动科技创新行业新的发展。举个简单的例子，互联网行业的发展，加强了人与人之间的沟通，使得即时通信行业快速发展壮大。随着即时通信行业的发展，消费者又出现了新的消费需求，于是一批又一批新的机会就出现了。在支付宝和微信支付出现之前，根本没有人用过二维码付款。在支付宝和微信支付普及后，二维码付款似乎就是一种必然。

当前，随着人工智能、物联网、云计算等行业的发展，还会使消费者产生新的消费需求，从而催生出新的机会。

二、科技创新行业概述

从广义上来看，科技创新行业涵盖的范围非常广泛，特别是很多传统行业与新技术、新科技结合，产生了诸如新材料、高端制造等新兴行业。由于篇幅的限制，本书重点研究以电子科技和信息技术为基础的科技创新行业。书中介绍的科技创新行业包括如下几个典型领域，如图 9-16 所示。

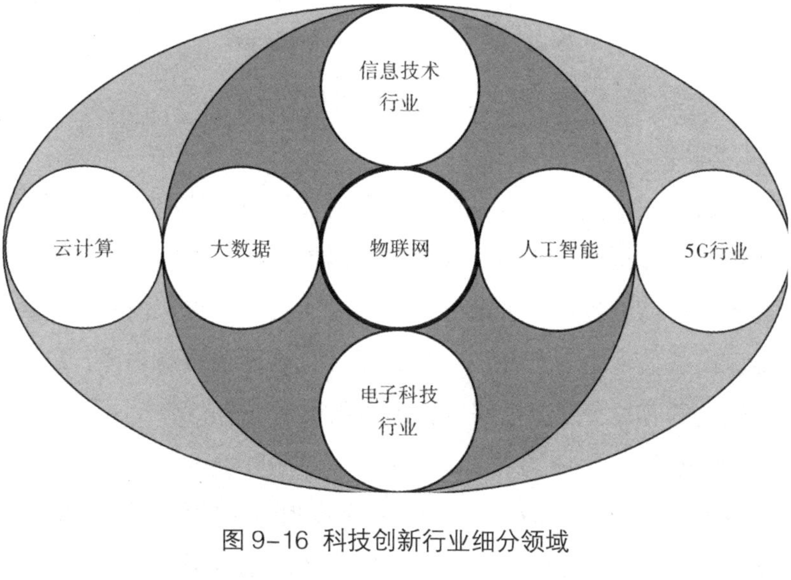

图 9–16　科技创新行业细分领域

1. 电子科技行业

电子科技行业属于信息科技、互联网以及大部分新兴技术产业的基础性支撑行业。无论信息技术如何发展，人工智能如何发展，都离不开最基础的半导体芯片和基本的电子元器件、电子材料等行业。目前，信息技术、人工智能、5G、大数据、云计算等领域的发展势头非常不错，但恰恰是最基础的电子科技行业中诸如芯片、核心电子元器件、高端电子材料等领域落后，限制了新兴行业的发展。换句话说，新兴行业的发展，离不开电子科技行业的强大。

目前，电子科技行业的分类标准并不统一，涉及的具体细分领域也有所不同。本书从股票投资的角度，将电子科技行业划分成5个类别，如图9-17所示。

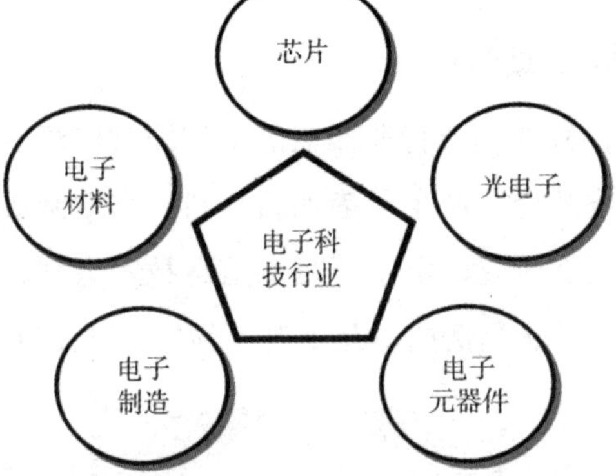

图9–17 电子科技行业的5个细分领域

（1）芯片。

芯片（含集成电路）行业是国内电子科技行业中发展相对较弱的一个领域。比如各类计算机所用的芯片大部分从国外进口，手机芯片也只有华为海思、紫光等企业能够生产，大部分手机企业所用芯片也从国外进口。当然，一些智能家电或其他电子产品的芯片，国产化程度相对高一些。总之，越是技术层面较高的芯片（集成电路），国产化程度越低。

（2）光电子。

一般情况下，金属表面在光辐照作用下发射电子的效应统称为光电效应，发射出来的电子叫作光电子。目前，光电子的应用范围十分广泛，从新能源到光通信，从光存储到光显示、光感应，再到激光产业等。总之，未来科技行业的发展离不开光电子行业的发展。同时，在光通信等核心技术领域，国内企业的技术实力仍与发达国家有一定差距。

（3）电子元器件。

从电子元器件的定义来看，芯片（含集成电路）也是电子元器件领域的一个分支。但由于芯片太特殊了，所以单独列出。电子元器件实质上是由两个分支构成的，其一为电子元件，其二为电子器件，目前，元件与器件的界限开始变得模糊了。电子元器件领域与芯片领域相似，在很多电子产业生产所需的核心电子元器件方面，国产化水平很低，特别是有一些电子元器件，国内很难找到供应商。

（4）电子制造。

电子制造涉及的领域也非常广，这里主要是指一些电子消费产品及其配件、附属产品的制造。当然，该领域也包括一些为知名厂商代工的电子产品生产企业。中国作为世界工厂，在电子制造方面的优势比较明显。

（5）电子材料。

电子材料领域也是一个让国内电子科技企业头疼的行业。该领域中的一些高端电子材料国产化程度很低，特别是一些尖端电子材料，几乎都被外资巨头垄断。未来，打破外资企业的垄断还要靠国内企业加大技术攻关的力度。

2. 信息技术行业

信息技术行业被认为是第三次科技革命的代表性产业，其发展早已步入了一个新的阶段。在本书的分类中，信息技术行业被细分为 4 个领域，如图 9-18 所示。

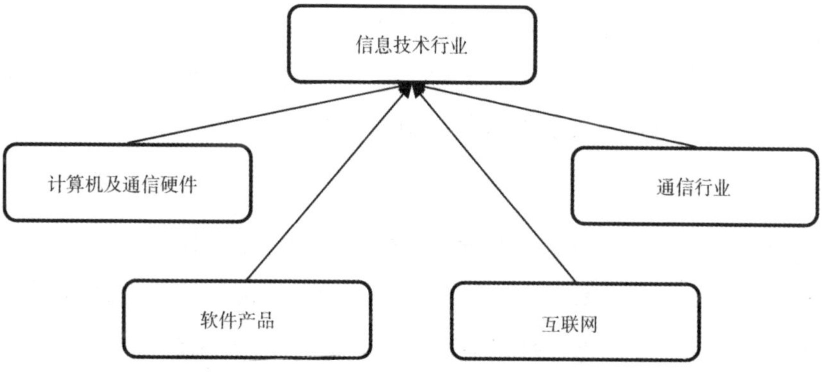

图 9–18 信息技术行业的细分领域

（1）计算机及通信硬件。

该领域属于信息技术的硬件领域，包括计算机产品、服务器、存储器以及通信设备等细分领域。当然，这里的计算机产品主要指商用计算机和超级计算机等产品，并非普通的个人电脑。

（2）软件产品。

软件是信息技术行业中非常重要的一个细分领域，是指一系列按照特定顺序组织的计算机数据和指令的集合。常见的软件产品包括系统软件，如微软操作系统，也包括各种应用软件，如人们经常使用的QQ、微信。目前，国产软件以应用软件为主，在操作系统领域还是由外资企业占主导地位，如微软。正因如此，大力发展国产操作系统，必然成为一种主流趋势。

（3）互联网。

互联网又称国际网络，指的是网络与网络之间互联成的庞大网络，这些网络以一组通用的协议相连，形成逻辑上的单一巨大国际网络。从某种意义上来说，互联网代表了未来的一个方向，几乎所有的物品都将通过互联网连接。正因如此，互联网企业总是更容易获得资本的青睐。不过，大多数互联网企业在成立初期都会经历一段盈利困难期，毕竟需要投入的人力成本、设备和资源成本较高。由于规则和制度的原因，一些互联网企业没有在A股上市，比较典型的有阿里巴巴、百度、腾讯、京东、美团等。

（4）通信行业。

通信行业是指人与人、人与自然进行信息交流与传递的行业。随着科技的不断进步与发展，通信行业也在不断地与时俱进。比如，当前正在推进的5G网络部署，就是通信行业的又一次升级换代。

3. 云计算

云计算产业是新兴行业中非常具有代表性的一个领域。云计算产业的发展推动了物联网、大数据和人工智能产业的快速发展。可以这样说，云计算产业是其他新兴产业的基础性产业。正是因为有了云计算产业，才使得普通个人或小型企业获得了使用超级计算能力的机会。

4. 大数据

大数据是与普通数据相对的一个概念。通常情况下，我们获得的数据都是非常有限的，而且力求通过对获得的数据进行严谨的分析，以获得某项结论。不过，由于数据采集量有限，我们获得的结论往往存在准确率不高的情况。引入大数据后，情况将会完全不一样。大数据力求通过对数据的整体研究、分析和处理，获得更为准确的结论。由于数据采集量大，因而所需的存储设备及空间等都非常庞大，这也推动了相关产业的发展。

5. 物联网

物联网也是近年来非常热门的一个概念题材。从字面上来看，物联网本身就是互联网的一个延伸，倡导万物互联。也就是说，当物联网普及后，人只需借助一个通信终端，就可以随时搜索、定位或控制相关的物品。目前，发展较好的物联网细分领域包括车联网、智能家居以及智慧工厂等领域。

6. 人工智能

人工智能是研究、开发用于模拟、延伸和扩展人的智能的理论、方法、技术及应用系统的一门新的技术科学。从本质上来说，人工智能就是一门研究如何用计算机或其他设备替代人进行思考、工作的行业。人工智能行业的发展与人对自身大脑的研究和了解有关。只有对自身大脑的结构和工作原理更为熟悉和了解，才能推动人工智能向更高层面发展。

7. 5G 行业

5G 行业是目前非常热门的一个概念。5G 网络是相对于 4G、3G 和 2G 来说的。也就是说，5G 网络铺设完毕后，5G 手机的信号网络将会过渡到 5G 时代。从 3G 到 4G 的转换花了很多年时间，且带动了一大批相关产业的发展，如信号塔（基站）、通信器材、手机以及各类通信软件与硬件等。5G 替代 4G 的过程中，同样会推动相关产业的发展，特别是基站（天线）、光纤等行业将会显著受益。

三、典型科技创新标的股——科大讯飞

目前电子产品、可穿戴设备产品、互联网产品不断推陈出新，让消费者目不暇接。如果大家去市场看看，就能更加容易地看到时代的变化，无论大街小巷还是商场饭店，随便一个收银台或者摊位旁，都有收款二维码，消费者只需用手机轻轻一扫，即可完成付款，这在以前是不可想象的。大量新兴产品、新技术的出现，为科技创新企业提供了众多机会，科大讯飞就是其中一个比较典型的企业，如图 9-19 所示。

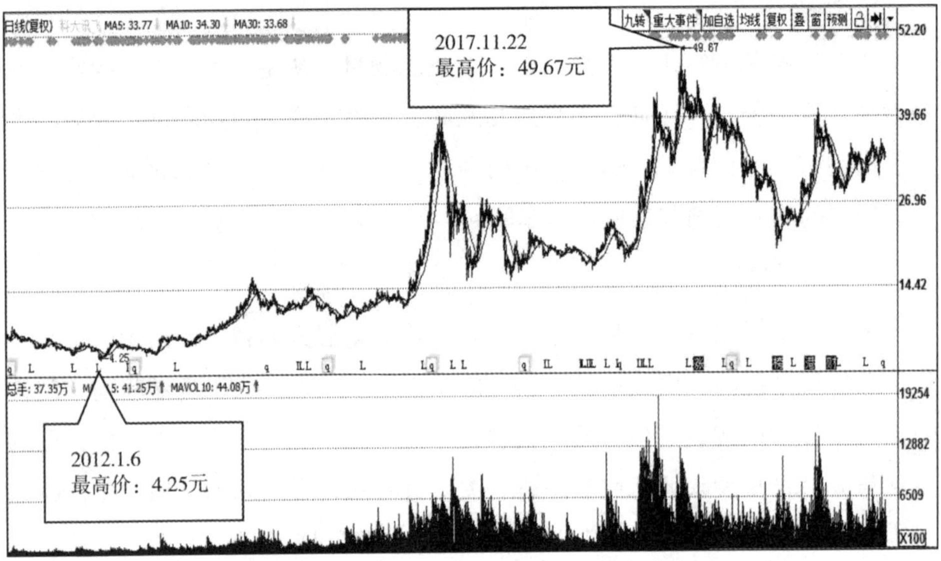

图 9-19 科大讯飞（002230）日 K 线走势图

科大讯飞是一家智能语音及语言技术研究、软件及芯片产品开发的企业。从其主营业务可以看出，这是一家与科学技术结合非常紧密的企业。其人脸识别系统以及语音支持系统，在国内市场占有较高的份额。尽管该公司当前的营业收益没有消费类股票和医药类股票那么漂亮，但其股价还是从 2012 年到 2017 年的 5 年时间里翻了 10 多倍，由此可见资金对其的追捧程度。

科大讯飞是科技创新型股票的一个缩影。很多科技创新型股票的盈利能力并不是很强，但是大家有一个基本的投资逻辑，即掌握了下一代核心科技，就能赢得未来。正因如此，市场上才会给科技创新行业的股票很高的估值。

第六节　其他具有发展潜力的行业板块

除了前面重点介绍的几个有潜力的板块外，下面几个板块也值得投资者长期关注。

一、新能源

传统能源日趋枯竭，为新能源的发展带来了广阔的空间。随着科技的不断进步，新能源开发与利用的成本也在逐渐降低，这就为行业的快速发展扫清了主要障碍。未来，在该行业中可能会涌现出一些高速成长型企业。

1. 行业特征

新能源行业的市场空间非常广阔，其行业内的优势企业往往都能获得较为丰厚的超额利润，但这并不代表该行业内的所有企业都会有较大的发展空间。该行业内的优势企业有以下几个特点。

第一，资本密集。

通常情况下，任何一个新兴的、未成熟的行业，都需要投入大量的资金进行研发。之后，随着技术的逐渐成熟，开发和利用成本才会逐渐降低。新能源行业就是一个处在需要大量资金投入的发展阶段，这种资金需求无形中为很多中小企业设置了进入门槛。

第二，上游技术垄断。

新能源领域存在这样一种分布规律，越是上游产业，技术垄断越趋于集中；越是下游产业，技术和市场越趋于分散。其他企业想要介入新能源的上游产业并不是很容易的事。其实，这也与新能源行业对资本的需求密切相关，越是上游企业，需要的资本也越多。

第三，下游竞争激烈。

由于新能源上游产业需要较大的资本投入，同时伴有较强的技术壁垒，一些中小型企业想要进入新能源行业，不得不从底层的下游业务入手，从而导致新能源下游产业竞争非常激烈，行业利润率相对较低。

2. 代表性板块

新能源行业涵盖的范围非常广，其中比较有代表性的板块包括但不限于太阳能、风能、核能、海洋能、生物质能、地热、氢能等领域以及新能源设备制造、新能源应用开发等。

3. 新能源企业的显著优势

新能源的利用与开发，是我们未来面对的主要课题之一。当前，新能源行业由于开发成本的制约，使得很多中小型企业集中于下游的新能源应用与开发环节。未来，随着新能源开发技术的逐渐成熟，该行业内也会涌现出很多高速发展的成长型企业。这些成长型企业需要突破的方向有如下几个。

第一，技术专利。

只有拥有技术专利壁垒的企业，才能获得更多的超额利润。无论是新能源开发，还是新能源利用，都需要企业在技术方面有所突破。新能源的开发与利用领域有大量待填补的空白，这就需要有更多有进取精神的企业去填补。这些企业若能在新能源领域取得突破性成果，就会为自己设置一道坚固的护城河，利润也会随之而来。不过，目前新能源领域的大多数专利技术都掌握在少数几家大型企业手中。

第二，新能源应用。

相对于新能源开发来说，新能源应用可能更适合中小型企业。在短期内，中小企业由于资金和技术方面的劣势，很难在新能源开发领域有所建树，但可以在新能源利用领域发力，比如，目前太阳能和风能利用已经走上了快速上升通道。

下面来看三安光电的日 K 线走势图，如图 9-20 所示。

三安光电是一家主要从事 LED 发光器件研究的企业，其产品主要应用于节能环保领域，其业绩在过去数年内保持了较为强劲的增长势头。

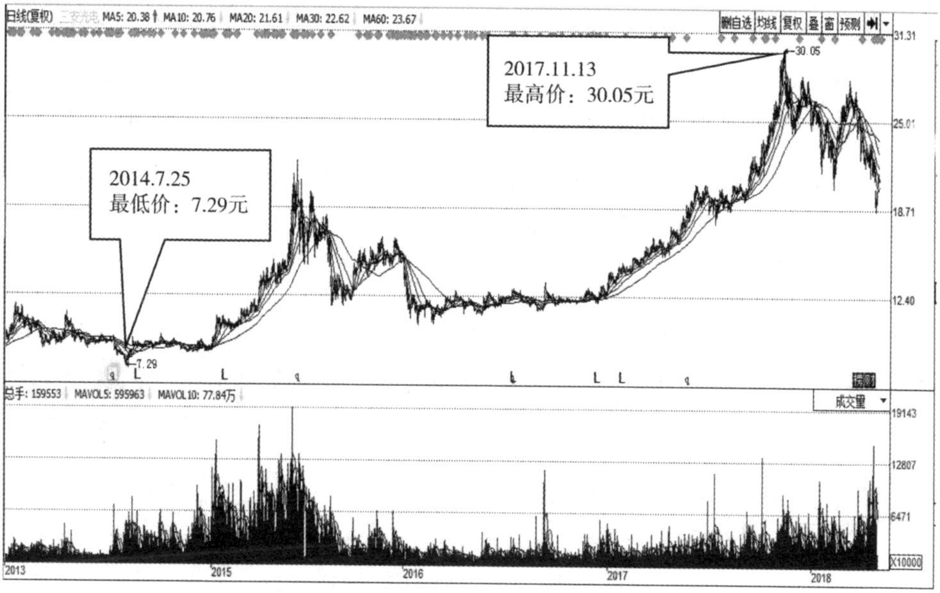

图 9-20 三安光电（600703）日 K 线走势图

该股自 2014 年 7 月 25 日的 7.29 元低位（复权后价格）启动上涨，至 2017 年 11 月 13 日创出 30.05 元的高价，上涨了 4 倍有余。

二、文化创意

文化创意产业，是一种在经济全球化背景下产生的以创新为核心的新兴文化产业，强调主体文化或文化因素，依靠个人（团队）通过技术、创意和产业化的方式开发、营销知识产权。随着经济水平的不断提升，人们的精神文化消费也随之不断增加。原有的知识产品、消费形式越来越难以跟上人们的需求，特别是新生代对文化产品的需求。未来，文化创意产业将会迎来爆发式增长，期间也会涌现出一批高成长性企业。

1. 行业特征

文化创意行业，是一个需要很强的创新与创造能力的行业，更是一个对顶尖人才拥有强烈需求的行业。“一个故事、一个短片就能成就一个企业”是这个行业最真实的写照。该行业内的优势企业包括但不限于以下几个特点。

第一，产品驱动。

优质的文化创意产品，是文化创意企业获取竞争优势的核心要素。文化创意行业是对产品要求极高的行业，同时，优质的产品必然会为企业带来更多的超额利润。例如，世界知名的文化创意公司迪士尼、皮克斯，都是通过一部又一部优良的作品取得竞争优势的。

第二，品牌。

优秀的文化创意企业不仅有优质的产品，更有强大的品牌优势。这个品牌优势可以确保自己的产品能够获得更多关注，获得更多客户，其实这也是品牌的价值所在，就像一个知名大导演的作品往往会比一般导演的作品获得更高的关注。目前，我国的文化创意企业在品牌建设方面还有很长的路要走。

第三，利润丰厚。

文化创意产业的核心是创新。正因其具有创新属性，市场上缺少同类竞争对手，所以能获得更多的超额利润。很多文化创意企业的销售毛利率都能赶上甚至超过医疗保健品行业 50% 的基准线。

2. 代表性板块

文化创意行业涵盖的范围非常广，其中比较有代表性的板块包括但不限于动漫类、文化传媒、网络游戏与手机游戏等领域。

3. 企业的显著优势

随着文化创意产业的不断发展壮大，该领域还将涌现出更多的成长型企业。这些成长型企业往往具有以下几项特征。

第一，内容为王。

内容，是文化创意产业的核心，优质的内容是支撑企业业绩上升的关键。成长型企业必然是优质内容开发企业或者能够获得优质内容的平台型企业。

第二，优秀的创作团队与宣传策划团队。

优质的内容来自优秀的创作团队和策划团队。从这个角度来讲，一些与优质作者合作较好的出版机构、文创机构，以及与优秀演员、导演有密切合作的演艺机构，都可能成为较佳的投资标的。

下面来看新经典的日 K 线走势图，如图 9-21 所示。

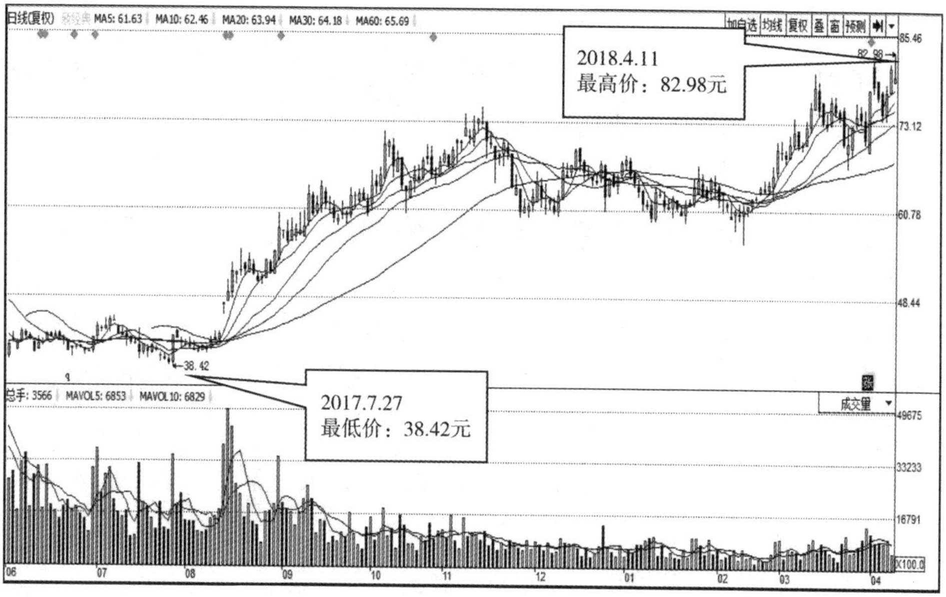

图 9-21 新经典（603096）日 K 线走势图

新经典作为文化创意领域的知名品牌，与许多优质作者、图书出版机构有着良好的合作，其净资产收益率连续数年保持在 20% 左右的水平。鉴于其拥有的雄厚内部资源优势，可以预见，该股未来仍将保持较快的增长势头，具有良好的成长性。

该股自 2017 年 7 月 27 日的 38.42 元低位（复权后价值）启动上涨，至 2018 年 4 月 11 日创出 82.98 元的高点，在 8 个多月的时间内股价翻了一倍有余。

三、高端装备制造

我国的装备制造长期处于较低水平，在整个世界装备制造价值链中，也处于下游水平，这就使得很多企业尽管产值很高，利润却很低。一些高端装备制造技术匮乏，已经成为制约我国制造业升级的瓶颈。

《中国制造 2025》将高端装备制造提升到了前所未有的战略高度，该规划的实施，将会极大地促进我国高端装备制造业的迅猛发展，也会涌现出一批高成长型企业。

1. 行业特征

新一代信息技术涵盖的项目属于国家和社会急需的项目，拥有极大的发展空间和潜力。该行业企业包括但不限于以下几个特点。

第一，技术导向性强。

高端装备制造涵盖了大型飞机、航空发动机及燃气轮机、民用航天、智能绿色列车、节能与新能源汽车、海洋工程装备及高技术船舶、智能电网成套装备、高档数控机床、核电装备、高端诊疗设备等领域。这些领域不仅本身属于高精尖领域，而且未来还会与互联网相关联，这就更加强化了其技术内涵。一家企业要想在这些领域取得成果并获得现实的收益，必须要突破关键技术。也就是说，技术实力与成果是衡量这个领域企业成长性的重要指标。

第二，利润丰厚。

在整个制造业价值链中，高端装备制造一直是处于价值链顶端的。掌握核心技术的高端装备制造企业，无疑将会获得较为丰厚的利润。

第三，壁垒森严。

尽管高端装备制造行业的利润极为丰厚，但不是每个企业都能进入，目前大多数核心技术还掌握在国外企业手中。作为后起的成长型企业，若能在高端装备制造产业有所突破，就会形成一个天然的竞争壁垒，使自己的企业获得更多超额利润。

2. 代表性板块

高端装备制造涵盖的范围非常广，其中比较有代表性的板块包括但不限于云计算、大数据、物联网、集成电路、移动通信、人工智能与机器人、工业互联网等领域。

3. 成长型企业的显著优势

高端装备制造领域具有很大的发展空间，需要大量成长型企业来填补。这个领域的成长型企业往往具有以下几方面特征。

第一，核心技术优势。

只有核心技术优势明显的企业，才可能在激烈的竞争中生存下来，这一显著特征将会在高端装备制造领域得到更多的验证。核心技术，是成长型企业在高端装备制造领域取得竞争优势的关键，率先取得核心技术突破的成长型企业，将会获得快人一步的发展先机。

第二，与工业互联网结合。

工业互联网与制造业协同发展，将会成为未来高端制造产业的显著特征，云制造、智能制造与人工智能都将与高端装备制造相融合。特别是一些中小型成长型企业，要想参与高端装备制造，就更需要借助与工业互联网的融合了。

第三，细分板块龙头。

率先获得技术突破的成长型企业，很可能成为细分板块的龙头，这些龙头企业无一例外会获得更多的超额利润。

下面来看浙江鼎力的日 K 线走势图，如图 9-22 所示。

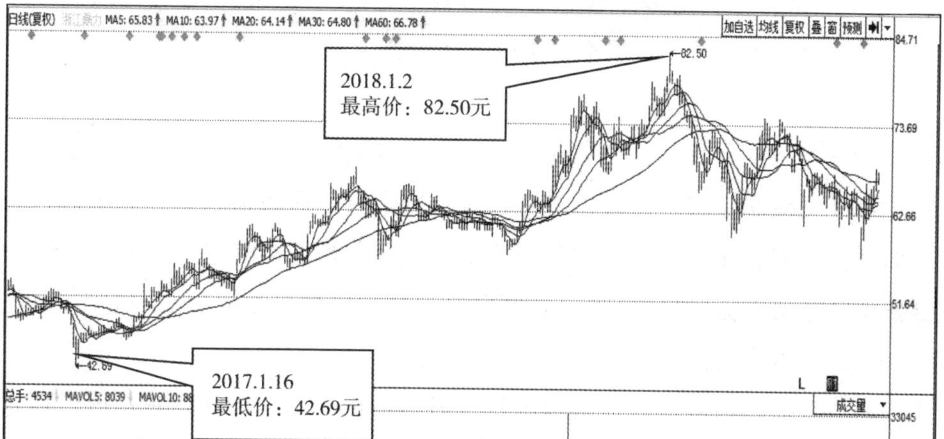

图 9–22　浙江鼎力（603338）日 K 线走势图

浙江鼎力作为高端制造领域高空作业平台这一细分领域的龙头企业，拥有较高的知名度，特别是在高空作业平台领域，占据较大的市场份额。该企业在研发方面投入一直较多，海外市场份额增长强劲，在《中国制造 2025》出台后，可能会有更好的发展机遇。

正是由于该企业在高空作业平台方面的优势地位，使其能够获得更多的超额收益，其业绩更是连续几年取得较快增长，说明该股的成长性较佳。该股自 2017 年 1 月 16 日的 42.69 元低位（复权后价格）启动上涨，至 2018 年 1 月 2 日达到 82.50 元，上涨了将近一倍。

四、新材料

尖端设备的制造离不开特种材料。在中国制造体系中，新材料有着举足轻重的作用。未来，该行业可能会涌现出一些高速成长型企业。

1. 行业特征

新材料行业的市场空间非常广阔，其行业内的优势企业往往能获得较为丰厚的超额利润，但这并不代表该行业内的所有企业都会有较大的发展空间。该行业内的优势企业包括但不限于以下几个特点。

第一，技术导向性强。

新材料行业包括特种金属功能材料、高性能结构材料、功能性高分子材料、特种无机非金属材料和先进复合材料等领域，这些领域具有很强的技术导向性。一家企业要想在这些领域取得成果并获得现实收益，必须要突破关键技术。也就是说，技术实力与成果是衡量这个领域企业成长性的重要指标。

第二，壁垒森严。

尽管新材料行业的利润极为丰厚，但不是每个企业都可以进入。目前仍有很多新材料研发与应用技术尚未攻克，作为后起的成长型企业，若能在新材料产业有所突破，就会形成一个天然的竞争壁垒，使自己的企业获得更多超额利润。

2. 代表性板块

新材料涵盖的范围非常广，其中比较有代表性的板块包括但不限于超导材料、纳米材料、石墨烯、生物基材料等领域。

3. 企业的显著优势

新材料领域具有很大的发展空间，需要大量成长型企业来填补。这个领域的成长型企业往往具有以下几方面特征。

第一，核心技术优势。

只有核心技术优势明显的企业，才可能在激烈的竞争中生存下来，这一显著特征也将会在新材料领域获得更多的验证。核心技术是高成长型企业在新材料领域取得竞争优势的关键，率先取得核心技术突破的成长型企业，将会获得快人一步的发展先机。

第二，专利优势。

通常情况下，研发的新材料都有较长时间的专利保护期。在专利保护期内，这些企业将独享该产品带来的收益，这就为这些研发能力强的企业提供了丰厚的获利空间。未来，若某些企业取得突破性进展，很可能会带来非常可观的收益。

第三，细分板块龙头。

率先获得技术突破的成长型企业，很可能会成为细分板块的龙头，这些龙头企业无一例外会获得更多超额利润。新材料领域将会出现很多细分领域的龙头企业，这些企业就是投资者需要重点关注的对象。

下面来看国瓷材料的日K线走势图，如图9-23所示。

国瓷材料作为新材料行业中高端陶瓷材料概念这一细分领域的龙头企业，拥有较高的知名度。近几年来，该公司的产品已经从单一的电子陶瓷扩展到陶瓷墨水材料、纳米级复合氧化锆材料等领域。由于新材料行业受到前所未有的重视，这就极大地促进了企业营业效益的提升。该企业的业绩在最近两年取得了较快增长，股价也随之水涨船高。

该股自2019年2月1的10.87元低位（复权后价格）启动上涨，随后，在大盘震荡上涨的带动下，一度在 2019 年 9 月 9 日达到了 25.36 元，股价在 7 个月的时间内翻了一倍有余。

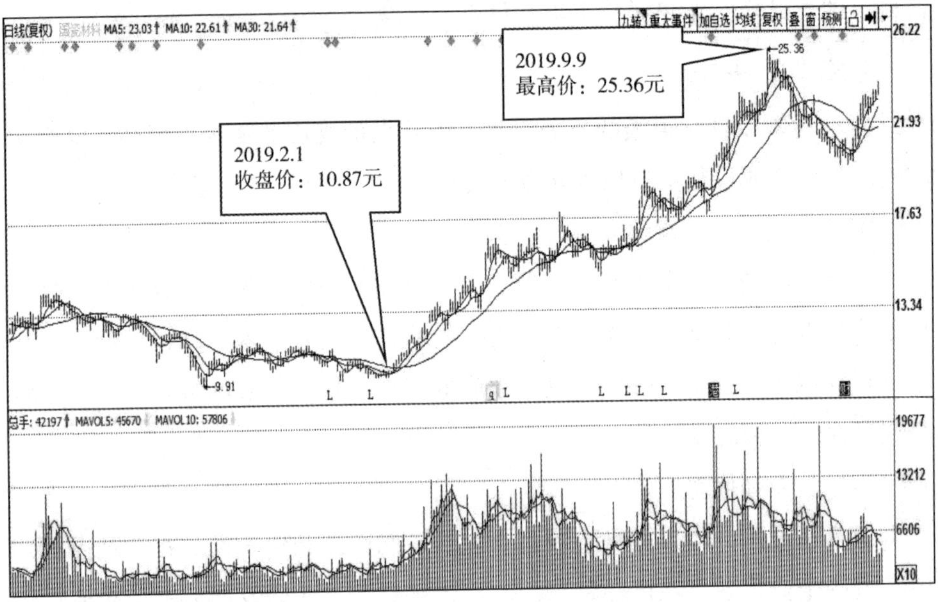

图 9-23 国瓷材料（300285）日 K 线走势图

第十章

市场价格的形成与投资决策

因经济情况和市场情况不同，股价的波动范围有时会非常大，因此，投资者在这方面必须有足够的心理准备。比如，一只股票的价格明明已经低于其内在价值了，但整个市场的股价都在下跌，到底应该加仓还是清仓，这就是投资决策需要考虑的问题了。

第一节 价值、时间与价格

从理论上来说，股票的价值应该等于其价格。事实上却是，在大部分的时间里，股票的价格并不等于价值。

一、股票价值的四个维度

在股市中，对股票价值的理解包含以下四个维度，如图 10-1 所示。

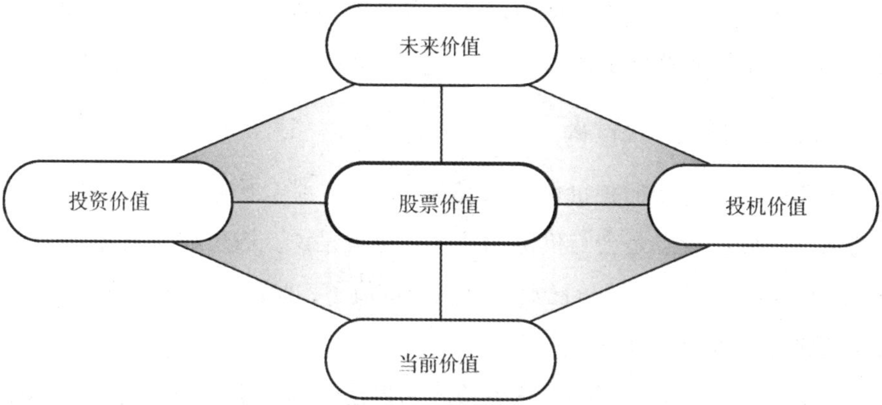

图 10-1 股票价值的四个维度

第一，股票当前的内在价值。以当前的资产或盈利能力、现金流入水平等为依据计算得出的企业内在价值。

第二，股票未来的价值。基于对该企业当前运营能力、产品以及核心竞争优势的分析，企业在未来可能取得的经营成果所具备的价值。当然，关于企业未来价值的分析方法有很多，但没有一种方法能够做到准确无误，然而，投资股票又不可能偏离对未来价值的分析。

第三，股票的投资价值。因股票价格与股票价值存在一定的偏差或背离，使得这些股票具有了一定的投资价值。比如，投资者通过一系列分析后认为，股票的价值为每股 10 元，而现在价格仅为每股 6 元，那么，这只股票就具有了一定的投资价值。

第四，股票的投机价值。从某种意义上来说，股票的投机价值与股票本身的内在价值并没有关系。只要股价在短期内存在一定的上涨空间或可能，那么，这类股票就具有了一定的投机价值。比如，一只股票的内在价值仅为每股 10 元，而现在市价已经达到了每股 30 元。从股票投资价值角度考虑，这只股票已经不具备任何投资价值了，若从投机角度来考虑，只要市场热度还在，只要还有接盘者，那么，这只股票仍具有一定的投机价值。

由于投资者对股票价值的理解不同，对股票价格的接受程度也不可能相同。比如，同样是每股 1 000 元的贵州茅台，有的投资者认为价格很高，只想卖出，不愿意再买入了，而另外一些投资者则认为股价偏低，未来还会继续上涨，于是还愿意继续买入。

二、股价与价值背离

无论投资者基于何种价值买入或卖出股票，都会面临一种与之前预期相反的情况，即股价总是会与价值相背离。也就是说，股价明明已经低于价值了，却仍在继续下跌；股价已经明显高于价值了，股价还在继续上涨。其实，这就是典型的股价与价值背离。

面对这种情况时，很多投资者最容易做出的选择是，抛弃之前坚持的价值投资理论，原因是价值投资并没有让这些股票的价格向价值回归，而是远离了价值。其实，这也正是价值投资能够成功的关键，给它足够的时间，价格才会与价值相匹配。从短期来看，市场价格往往会受到如图 10-2 所示的几个因素的影响。

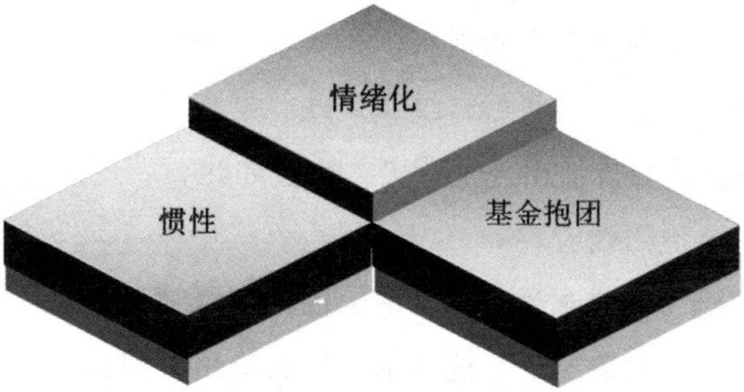

图 10-2 股价偏离价值的背后因素

第一，投资者情绪化影响。

市场上的投资者和资金都具有明显的情绪化倾向。尽管所有的价值投资理论一再强调，股票投资是一种基于未来的投资理论，然而，股票市场似乎只对眼下的状况给予及时反应，同时，这种反应往往存在过渡倾向。比如，市场上的一则流言，就可能让股市大幅下跌，而在股市大幅下跌时，投资者先考虑的往往是保本出逃，而非股价是否偏离了价值，特别是当股价连续下跌，跌破了很多投资者设置的止损位和心理防线后，恐慌情绪就会蔓延，以至于整个市场充满了恐慌。于是，股价就会出现大幅低于内在价值的情形。当然，任何恐慌终将过去，待市场从恐慌情绪中走出来的时候，往往也是股价开始修正的时候。其实，这也是巴菲特常说的“在别人恐慌时我贪婪”的时刻。

事实证明，当股价大幅低于内在价值，也就是股价与价值出现大幅背离时，往往都是价值投资者入场的最佳时机。价值投资者不应该在这一时刻质疑价值投资理论是否正确，而是要在这一时刻积极入手质地优良的便宜股。

第二，市场惯性。

本书提及的股票投资理念与方法，更多的是关于价值投资的，然而，市场上还有很多投资者坚持趋势交易方法或短线投机策略。我们无法评价哪种方法更好，只能说按照这些技术层面的理论，当个股股价出现下跌时，往往就是离场的信号。

当股价下跌趋势形成后，往往会不断地有更多资金加入杀跌行列；反之，当股价上涨时，也同样会不断地有资金入场。正因如此，股价的运行总是会产生惯性，即股价进入趋势后，继续下跌总是相对容易，反之亦然。即使这些股票的价格已经与价值出现了背离，也会如此。

第三，基金抱团效应。

市场上超级绩优股永远是稀缺品，因此超级绩优股往往都有很多基金和投资机构驻守。正常情况下，这些绩优股股价稍有回调，基金公司和机构就会迅速补仓，使得股价重新开始上升。正因如此，这些股票的价格在非典型熊市的市场中总会表现得特别抗跌，即股价总是会呈现震荡上升态势。即使股价与内在价值出现了一定的背离，这些基金也不愿意离场。

其实，原因也非常简单，市场上超级绩优股并不多见。不过，当市场转入熊市，特别是熊市进入一段时间后，继续抬升股价变得越来越困难，这些基金就会争相出货，导致股价在短期内出现大幅跳水走势。

第二节　量化投资决策清单

很多投资者应用价值投资理论时，偏重于单独使用自由现金流估值法做出判断，并进而决定是否执行买入股票的决策。其实，价值投资理论是一个系统工程，单独用自由现金流分析股票的价值难免有失偏颇。

为了让投资者更容易应用价值投资方法，可以尝试建立一套股票投资决策清单。通过为清单上各个项目打分，可以计算各只股票的投资价值。这里的投资价值只是依照股票投资决策清单计算得出的结果，并非真实的投资价值。

一、量化投资决策清单的结构

投资决策清单通过外在环境、未来价值、内部治理评估以及内在估值等几方面的评估得出。

1. 外在环境维度

该维度的评估重点为企业所属行业的发展阶段以及企业在行业中的地位等方面内容。该维度在企业价值评估方面所占的比重相对较小，在整个决策清单中，赋予了 10% 左右的权重。

2. 未来价值维度

该维度的评估重点包括企业核心竞争优势、企业发展潜力以及企业当前和未来的盈利能力等方面。该维度是企业价值评估的核心维度，在整个决策清单中，赋予了 45% 左右的权重。

3. 内部治理维度

该维度评估对象包括管理层的管理水平以及稳定性、企业内部控制等方面。该维度在企业价值评估方面所占的比重相对较小，在整个决策清单中，赋予了 10% 左右的权重。

4. 内在价值维度

该维度的评估内容为通过对企业收益或现金流情况的评估（可以应用相对评估法，也可以使用绝对评估法），得出股票内在价值与价格的对比数据。该维度是企业价值评估的核心维度，在整个决策清单中，赋予了 35% 左右的权重。

投资者可根据个人偏好与投资特点，对投资决策清单的细分项目、权重等进行调整。本节给出的清单式样，仅供读者参考，如表 10-1 所示。

表 10-1　投资决策清单

股票名称：　　　　　　　　　　　　　　　　　　评估时间：

维度	细分项目	评估细则	所占权重	评估得分	备注项目
外在环境	产业类型	新兴科技产业、朝阳产业还是夕阳产业	3		不进入濒临淘汰的产业；控制进入培育期行业
	行业发展阶段	培育期、成长期、成熟期还是衰退期	3		
	行业内地位	垄断者、领导者还是跟随者	4		

续表

维度	细分项目	评估细则	所占权重	评估得分	备注项目
未来价值	核心优势	品牌、技术、特许经营权或高转换成本	15		高转换成本优势的最高得分为 10 分
	竞争性优势	品质与成本控制能力	5		
	经营质量	毛利率、营收增长率以及营业总收入	10		
	未来成长性	价格或销量的提升空间、新品或服务的研发能力等	15		
内部治理	治理结构	有无控股股东，有无股权争夺隐患	2		财务造假为否决性指标，直接剔除候选名单；管理层违规减持，要关注
	管理团队	团队的稳定性如何、诚信如何	2		
	领袖	企业领袖的行业知名度与号召力	4		
	财务控制制度	内部控制体系是否规范与完善，有无违纪或被处罚情况	2		
内在价值	核心财务指标	每股收益、净资产收益率及净利润增长率	10		股价越低于内在价值，得分越高
	估值法评价	利用绝对估值法或相对估值法评估企业价值与价格的关系	25		
合计			100		
综合评定	□不予考虑□可以考虑□重点考虑□列入备选				

二、填写投资决策清单的注意要点

投资者使用投资决策清单评估候选股票时，需要注意以下几点。

第一，个股最终得分的高低尽管具有一定的参考作用，但不能绝对化。特别是针对一些得分相近的股票，投资者还要结合投资决策清单中权重占比较高的维度的具体情况综合考虑。在决策清单中，很多高权重项目对最终的投资成果具有重要的意义，投资者在全面评估的基础上，还要重点查看高权重项目的得分情况。

第二，投资者在分项评估时，要重点关注极端情况，比如，某企业在某一项目中存在突出亮点或出现了否决性的情况。比如，一旦出现财务造假情况，就不是要扣减分数了，而是直接将这一标的从候选名单中剔除。若管理层出现违规减持等情况，也要扣减相应的分数。反之，若企业在某一项目中做得非常出色，则可以为其赋予额外的分数。

第三，尽管估值得出的结论相比其他项目明显更为重要，但估值的结论往往与其他项目之间存在着密切的关系。比如，一只股票的核心竞争优势环节得分较高，那么，其估值环节的得分往往也会较高。也就是说，几乎不存在这样一只股票，即估值维度得分很高，但其他环节得分很低。若真出现这样的股票，投资者还应该注意自己是否存在估值错误的情况。

第四，投资决策清单可以帮助投资者初步筛选候选标的，但投资者并不能根据清单中的各项得分直接做出投资决策，最终的投资交易还要综合考虑市场环境、价格趋势等因素。

第三节　构建候选股票池与交易策略

投资者可以借助前一节提供的股票投资决策清单，对市场上感兴趣或比较有潜力的行业股票进行一番筛选，然后开始构建属于自己的候选股票池。当然，用股票投资清单筛选股票并不是一件容易的事，若投资者选择使用自由现金流量法计量股票的内在价值，工作量会很大。不过，比起投资成败，这点儿工作并不算什么。

天下没有免费的午餐，尽管很多机构或所谓的投资大牛都会免费给你推荐股票，但真正靠别人推荐股票赚钱的几乎没有。换句话说，如果发现一只大牛股，没有哪个投资者会拿出来与大家分享，毕竟，人人都看好的股票，往往最后走的都不一定好。

一、构建候选股票池

通常情况下，构建股票池大致包括 5 个步骤，如图 10-3 所示。

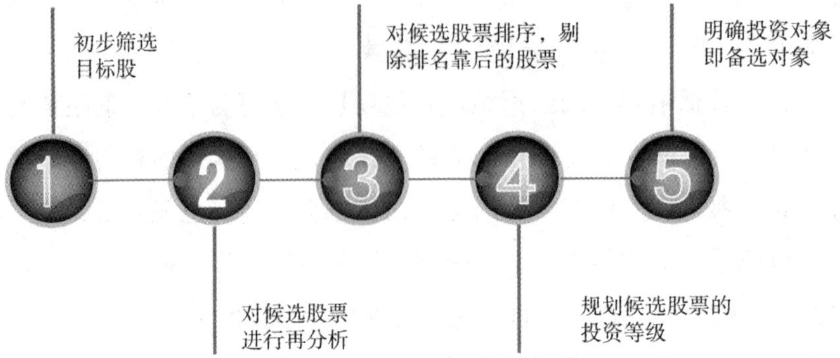

图 10-3 构建候选股票池的步骤

第一步：初步筛选目标股。借助之前的投资决策清单，对市场上的目标股进行筛选，并形成一个大致的目标股清单。这个股票清单中，最好包含几个典型的行业，如信息科技行业、消费行业和生物医药行业等。

第二步：针对候选股票池中的股票进行再分析。需要确认以下几方面的信息，包括当前股价与股票估值计算得出的目标价之间的距离，以及这些股票在各自所属的细分行业中的排名。

第三步：对候选股票进行排序，剔除排名靠后的股票。这里有一点需要注意，排名靠后并非指全部股票排名中比较靠后的股票，而是细分行业中比较靠后的股票。通常情况下，一个细分行业入选的股票不宜超过 3 只。

第四步：规划候选股票的投资等级。之前已经对候选股票进行了两轮筛选，此时，投资者可为各个投资标的的投资等级进行分类，包括立即投资和等待机会等。同时，为了了解候选股票池中股票价格的变化，也可以设置一条中位线，即通过计算，获得候选股票的股价与目标价格的平均偏离程度。当候选股票的股价低于这一偏离程度时，即可采取买入操作等。

第五步：明确投资对象即备选股票。投资者需要根据手中的资金情况，选择“立即投资”等级中的股票进行投资。若投资者资金量较少，建议选择当期盘面持续热门行业内的标的进行投资。当然，投资者也可以按基金配比的方式，将“立即投资”等级内的股票全部少量买入，这就等于为自己创立了一个迷你基金。

投资者可根据实际情况的变化，每隔一段时间调整一次股票池内的候选股票。表 10-2 为某投资者建立的股票池。

表 10-2 候选标的股票池

股票代码	股票名称	所属行业	细分行业	行业地位	现价	估算价	偏差	投资等级	备注
600519	贵州茅台	大消费	白酒	Top1	1 170	1 299	11%	√列入备选 □立即投资	
000651	格力电器	大消费	白色家电	Top1	62.39	69	10.6%	√列入备选 □立即投资	
000963	华东医药	生物医药	化学制药	Top3	23.2	32	37.9%	□列入备选 √立即投资	

注：表中股票仅为示范股票池用法，并非真实投资决策数据。

二、股票池中的个股交易策略

投资者应用股票池交易股票时，需遵循以下几项策略。

1. 动态调整策略

列入股票池中的股票并非一成不变，投资者需要每个季度对股票池中的股票进行调整。调整项目包括如下几项。

（1）根据最新的财务数据修正目标价、现价以及偏差程度。

（2）将符合要求的股票加入股票池，同时将不符合要求的股票剔除。

（3）修正股票池中股票的投资等级。

2. 一揽子交易策略

该策略是购买股票池中投资等级较高的全部股票，希望借助股票池建立一个小规模的迷你基金。在建立基金时，需要考虑以下几点。

（1）投资者可根据个人总体资金量情况考虑，资金量过小，并不适合建立迷你基金。资金量过小，平摊到个股的资金非常少，可交易股票数量就会非常少，这样交易成本就会上升。

（2）合理规划总体仓位，即使投资者购买了股票池中多个行业的多只股票，也应该注意防御系统性或全市场的风险，也就是说，还要适当保留一定比例的资金，不能全仓入场。市场非常好时，可以将资金仓位调整至

90%，机会相对较少时，就要降低仓位。

（3）规划个股所占权重。建立迷你基金时，投资者不能搞平均主义，要根据市场风格、股票质地或市场风向，动态调整各只股票所占的仓位权重。以建立迷你基金为目标建仓，单只股票的资金占比不宜超过20%。

3. 少数股交易策略

对于大多数投资者而言，少数股交易策略更加符合实际情况，毕竟资金量十分有限。少数股交易策略，是指投资者根据对市场的分析，结合股票池中各只股票的质地情况，选择其中几只股票作为主要投资标的进行交易操作。尽管只买入少数几只股票，但为了投资安全，单只股票的仓位也不应该超过35%。

投资者可在当前股价大幅低于目标股价中的候选股票中选择若干只作为操作标的，待这些股票的价格超过了目标价，则宜采取减仓或清仓操作。

第四节　控制投资风险的三种手段

风险，永远都是与收益同行的。准备好收获利润时，也要做好防御风险的准备。价值投资只是一种追求将风险控制在较低水平的投资活动，但并不意味着价值投资没有风险。特别是如果有部分上市公司做假账或违规操作，普通投资者是很难预先了解这些情况的。

在价值投资领域，控制投资风险的手段主要有3种，如图10-4所示。

一、选择高质量标的

在价值投资理论中，选择高质量标的是控制风险的首选。选对股票，你就成功了一大半，这在价值投资领域是牢不可破的金科玉律。

本书绝大部分篇幅在讲如何选择高质量投资标的，且从多个维度讲解评估股票价值的方法和策略，这里不再重复。

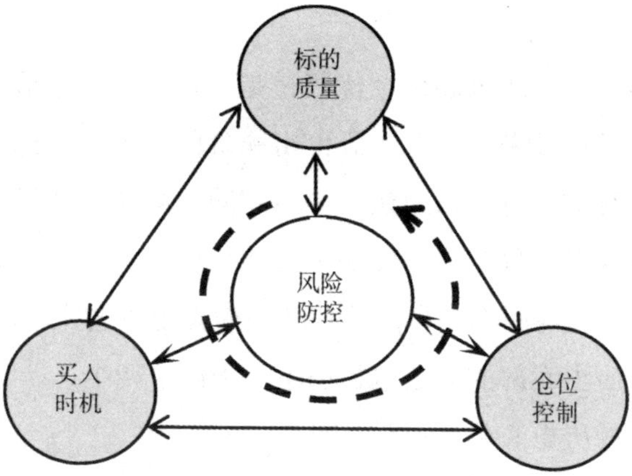

图 10-4 控制投资风险的 3 种手段

巴菲特曾经说过：如果你不愿意拥有一只股票十年，那么连一分钟也不要持有。我们这里可以反过来问一句：所选的是你愿意持有十年以上的股票吗？

在选择股票时，需要关注以下几点。

第一，同样是高质量的优质股票，一些长期以来交易清淡的股票还是少介入或不介入为好。这类股票如果没有基金驻守，其上涨或下跌的幅度可能会非常大，筹码变现能力较弱。

第二，在同一板块，尽量选择一只或两只同一细分行业的股票，不要选择过多同类股票。若所选的同一细分行业的股票过多，非常不利于分散风险，毕竟同一细分领域内的股票经常同涨同跌。

第三，除非估值出现了较大变化，否则不要在同一细分领域内更换股票，更不能因为同一细分领域内的另外一只股票涨得好而更换股票。毕竟我们所做的投资是一项长期投资活动，并非短期投机行为。

二、合理的买入时机

从理论上来说，当一只股票的股价低于评估价值较大幅度后，你就获得了较佳的安全边际，这时就可以买入了。然而，谁都不会拒绝用更低的价格买入超级绩优股，因此，下面几个时机是价值投资者绝对不能错过的。

1. 阶段或历史底部买入

在阶段或历史底部买入超级绩优股，是一种最安全、最稳妥的方式。当然，对于大多数投资者来说，等待股价出现阶段或历史底部，是一个非常难熬的过程，况且每个人对底部的认识也不相同。同时，选择在阶段或历史底部买入股票的投资者，肯定也是做好了长期持股的打算，毕竟等待底部出现并不容易，而一旦出现底部，自己的获利预期肯定也会比较高。

寻找阶段或历史底部的方法包括但不限于以下两个。

第一，绝对的历史底部。

对于超级绩优股来说，绝对历史底部是可遇而不可求的。超级绩优股的股价大部分时间都会处于上升态势，因而，除非遇到历史性暴跌行情或黑天鹅事件，否则，投资者很难遇到超级绩优股的历史底部。

投资者可对照股票的日 K 线走势图，当股价新近的最低点已经跌破了历史最低点，那么，这个底部就有可能成为历史性底部。当然，由于股市中没有最高的股价，也没有最低的股价，当股价创下新低后，还有继续创新低的可能。不过，作为价值投资者，是不会过分关注是否还有更低的低点的。我们需要看的是当前的股价是不是已经大幅低于评估价格了？如果是，那就应该准备入手。当然，未来若股价继续下跌，那不过是为我们提供加仓的良机罢了。

第二，阶段底部。

在正常的涨跌波动过程中，股价会在某一个阶段出现一个比较显著的底部区域。这些底部区域的形成可能与企业内部经营有关，也可能与外围的环境相关，总之，对于超级绩优股来说，出现这些阶段底部区域的时间，就是最好的买入时机。作为价值投资者，同时还要坚守一个原则：即使是超级绩优股，也必须在自己获得了足够的安全边际后才能寻求入场。下面来看一下云南白药的日 K 线走势图，如图 10-5 所示。

云南白药作为 A 股市场上一只典型的超级绩优股，该股股价自上市后一直呈震荡式上升态势。也就是说，投资者要想寻找该股的历史底部买入该股，根本没有可能，因而，寻找该股的阶段底部是一种现实的选择。

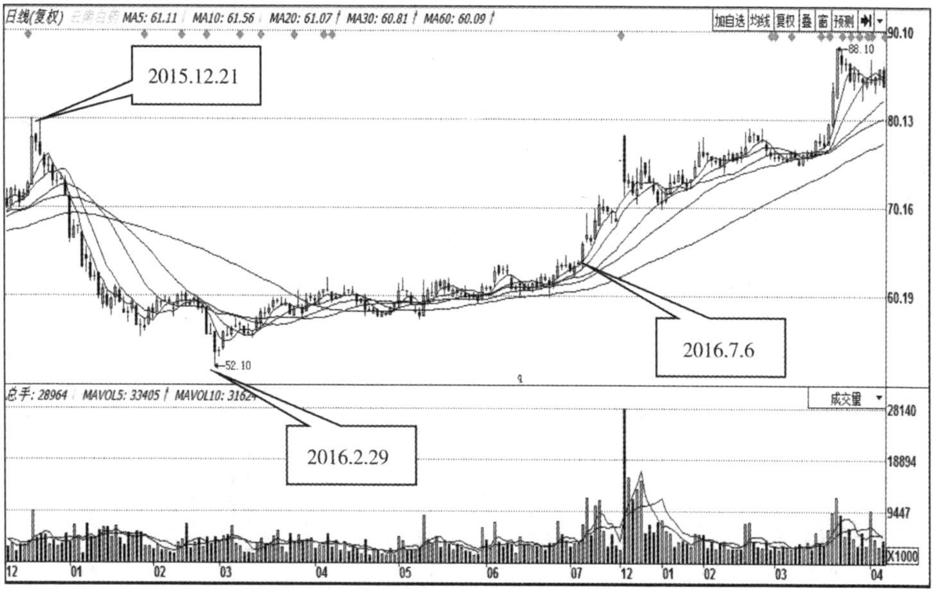

图 10–5 云南白药（000538）日 K 线走势图

如图 10-5 所示，该股在 2015 年年底随着大盘大幅下挫，出现了一波下跌行情。到 2016 年 2 月 29 日，云南白药的股价创下了 52.10 元的低点，此后，该股小幅上升后开始横向震荡盘整。对于想要入手该股的投资者来说，这个横盘时段就是最佳的买入时机。投资者可在股价触底小幅回升后第一次建仓该股。其后，该股经过一段时间的震荡盘整后重新启动，随后快速上升。投资者可在 2016 年 7 月 6 日该股股价启动上升时加仓买入，其后该股出现了一波快速上升走势。

股价筑底过程中，可能会形成比较经典的底部形态，如 V 形底、双底形态、头肩底形态、三重底形态等。投资者可密切关注股价在底部的运行态势，一旦股价走出底部形态（如向上突破底部形态的颈线位置），则可执行买入或加仓操作。

下面是双鹭药业的日 K 线走势图，如图 10-6 所示。

双鹭药业也是 A 股市场上一只经典的超级绩优股。该股的净资产收益率一直维持在较高水平，不过，由于最近两年该股的营业收入出现了小幅下滑，股价随之出现回调。2017 年年底到 2018 年年初，该股出现了震荡筑底走势。

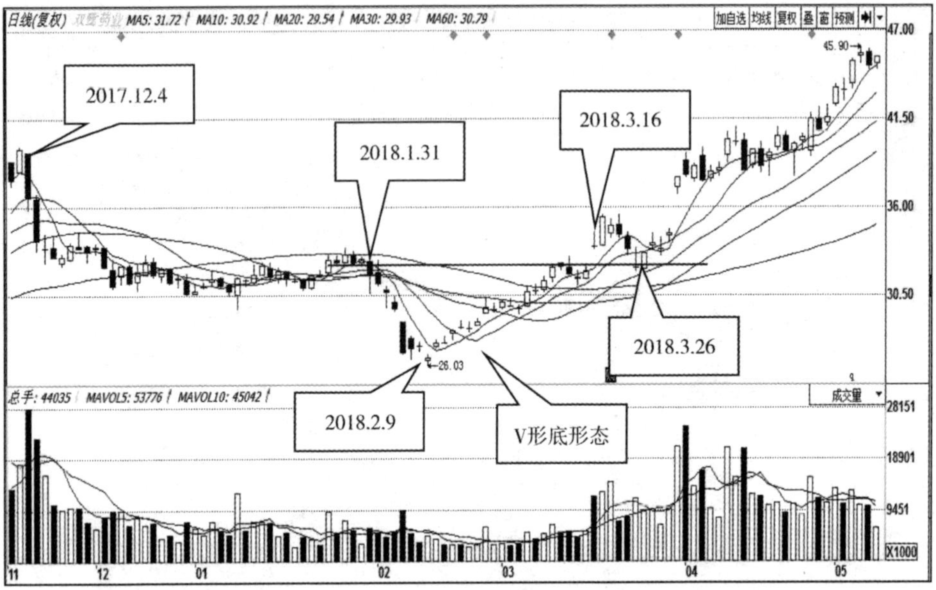

图 10-6 双鹭药业（002038）日 K 线走势图

2018 年 1 月 31 日，该股股价突然出现大幅回落。随后，该股股价连续走低，并在 2018 年 2 月 9 日到达阶段低点；接着，该股反向上攻。投资者可考虑少量建仓该股。2018 年 3 月 16 日，该股跳空上升，并突破了 1 月 31 日的下跌起始线，说明 V 形底形态正式成立，投资者可考虑加仓该股。2018 年 3 月 26 日，该股上升几个交易日后出现回调。当股价回调至先前的下跌起始线位置时，因受该线的支撑而重新上攻，这也是一个加仓的良机。

此后，该股一路上攻。

2. 回调低点买入

超级绩优股似乎永远都在上涨的路上。因此，投资者买入超级绩优股的最佳时机就是股价出现回调的时候。股票质地本身没有问题，投资者可以减少被套牢的担忧。寻找回调低点的方法包括但不限于以下几个。

第一，股价遇中长期均线支撑。

超级绩优股在震荡上升过程中，会随着大盘的走低而出现回调。当规模较大的调整出现时，就是投资者最佳的入场时机。当然，并不是股价一下跌，投资者就应该立即入场，而是要等到股价回调至某根均线（通常为中长期均线，如 30 日均线、60 日均线）位置后，因受均线支撑而重新上升时。

下面来看长春高新的日 K 线走势图，如图 10-7 所示。

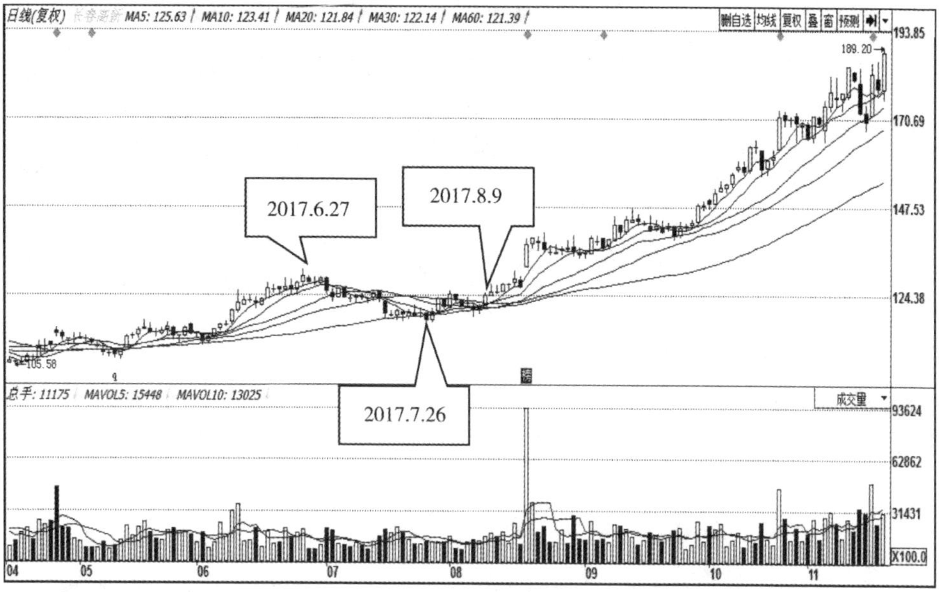

图 10-7　长春高新（000661）日 K 线走势图

2017 年下半年长春高新的股价在上升过程中出现了一波调整走势。投资者可在股价回调过程中执行买入操作。

2017 年 6 月 27 日，长春高新的股价上升到短期高点后出现回调，此后，该股股价连续跌破多条均线，并在 120 日均线附近获得支撑。投资者应该清楚，这类高成长性股票的股价不会一直回落，此时的回调就是最佳的入场时机。投资者可在股价受到支撑出现反弹后建仓该股。

其后，该股股价出现了一段时间的横向震荡，并在 120 日均线上方形成了双底形态，投资者可在股价放量上升的 8 月 9 日加仓买入该股。

此后，该股重新开启了上升走势。

第二，回调至前期高点位置。

与其他类型的股票相同，超级绩优股的股价在创下一个阶段高点后也会有相应的套牢盘，而当股价回调整理后，重新突破该高点后，这些套牢盘将全部被消化，该前期高点位置将由阻力位变为支撑位。当股价再度出现回调时，这些前期高点位置将会成为股价的一个重要支撑位。当股价在此位置受到支撑而重新上攻时，就是投资者入场的良机。

下面来看格力电器的日 K 线走势图，如图 10-8 所示。

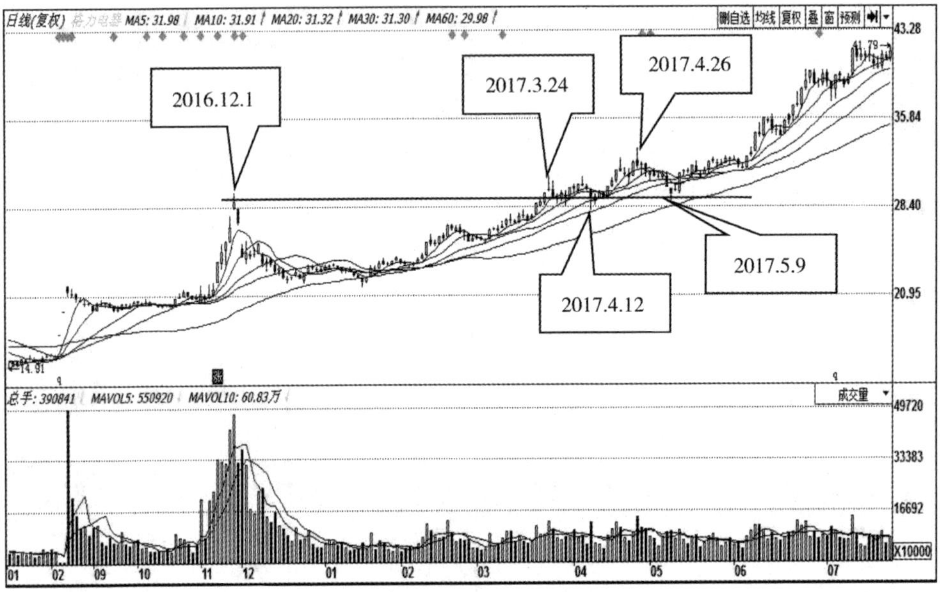

图 10-8 格力电器（000651）日 K 线走势图

2016 年下半年格力电器的股价出现了一波快速拉升走势。2016 年 12 月 1 日，该股股价在创下阶段高点后开始回调整理。此后，该股重新恢复震荡上升走势。

格力电器的股价在突破前期高点位置后，2017 年 3 月 24 日开始回调整理。当股价回调至前期高点位置时，因受到前期高点位置的支撑而重新上攻，此时，投资者可建仓。此后，该股经过几个交易日的上涨后，于 2017 年 4 月 26 日再度创出新高后开始回调整理。2017 年 5 月 9 日，该股股价触及前期高点位置后重新上攻，此时，投资者可进行加仓。

此后，该股重新开启了上升走势。

3. 黑天鹅事件买入

黑天鹅事件，通常用来指非常难以预测的，且会对市场造成较大负面冲击的事件。通常情况下，黑天鹅事件的出现会对股价走势造成非常大的冲击。不过，从另一方面来说，对于想要入场的价值投资者而言，黑天鹅事件的出现，无疑是一个绝佳的入场时机。

巴菲特曾经说过，别人贪婪时他恐惧，别人恐惧时他贪婪。黑天鹅事件出现时，往往是市场上充满恐惧气氛的时候，其实这正是入手廉价绩优股的时机。

投资者在分析黑天鹅事件时需要注意事件影响的大小。有些黑天鹅事件可能会对企业甚至行业造成致命一击，有些黑天鹅事件可能只是短期对股价有影响。投资者需要对黑天鹅事件的影响程度有所预判，只有那些限定在短期内可能影响企业的黑天鹅事件才是最佳的投资标的。

比如 2008 年的那次影响整个乳制品行业的三聚氰胺事件。问题最严重的三鹿集团直接以破产的形式退出了历史舞台，而蒙牛、伊利也深受该事件的影响，特别是伊利股份属于 A 股市场上的绩优股。当三聚氰胺事件发生后，伊利股份的股价连续出现暴跌走势，如图 10-9 所示。

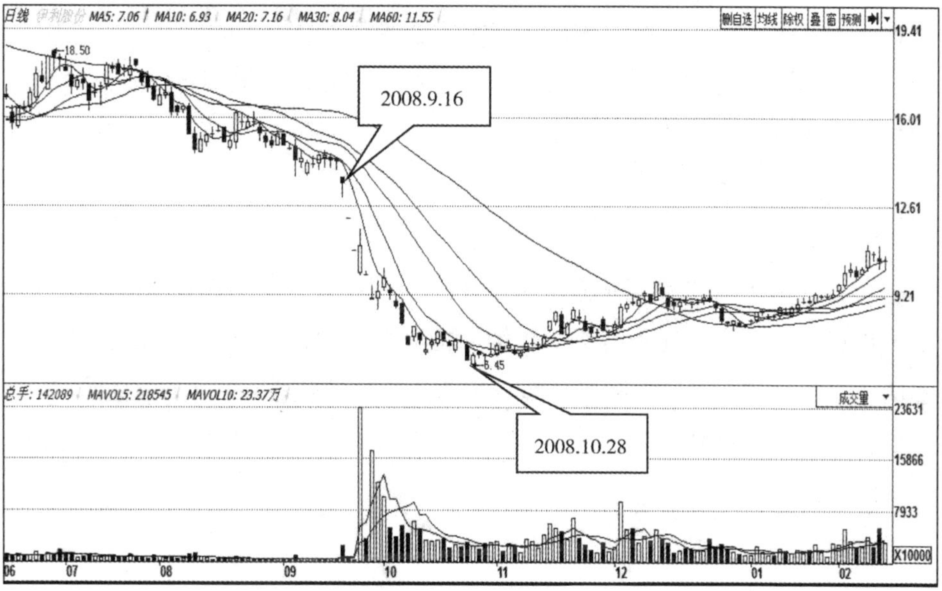

图 10-9 伊利股份（600887）日 K 线走势图

伊利股份的股价在2008年下半年随着大盘出现了震荡下跌走势。2008年9月中旬，爆发了三聚氰胺事件。由于伊利股份的产品也被检测出含有三聚氰胺成分，因而，股价连续大幅下跌。到了2008年10月28日，该股股价相比9月中旬已经下跌了一半有余。由此可见，黑天鹅事件给股价带来的影响之大。

不过，对于想要入场建仓该股的投资者来说，可考虑在10月28日股价企稳之后逐渐建仓。其后，该股很快重新开启了一波快速上升行情。

正确的买入时机，意味着更低的价格，也就为投资者提供了更为宽阔的安全边际，这就相当于为投资安全加装了一道保险。

三、投资的金额分配

在前面讲解股票池中个股的交易策略时，曾经提及了一些投资的金额分配问题，这里再重新梳理一下。

从价值投资出现开始，并没有太多的投资金额分配问题，即价值投资理论体系中并不提倡将投资分散到多只股票。如同巴菲特所说的，把所有鸡蛋放进同一个篮子，然后照顾好它。其实，这就是集中投资的原理。

集中投资，与目前比较流行的分散投资正好相反，强调将资金集中到少数几只优质股票上。价值投资理论要求投资者对所投个股进行大量深入的研究，若投资股票过多，由于人的精力有限很难兼顾，而采取投资少量股票的方法则可以提升投资效率。这也是巴菲特等人极力推崇集中投资的原因。

不过，由于A股市场信息不够透明、监管还有待于完善等原因，投资者出于投资安全考虑，还是需要适当增加持股数量的，但一般不要超过5只。若持仓股票过多，很容易稀释涨幅较大股票带来的收益。

单只股票最高持仓限额为35%，一般不要突破。这也是保护投资安全的一条警戒线。

第五节 减仓或清仓策略

一般而言，价值投资者都是坚定的长期持股理念的信守者。费雪在论述股票交易策略时曾说过：如果一只股票还处于成长轨道上，那就不应该卖出。不过，能做到长期持股是非常困难的。A 股市场中，普通投资者与上市公司之间的信息不对称，普通投资者担心上市公司财务数据有水分，会暴雷或受到处罚。毕竟曾经有过白马股暴雷。因此，站在 A 股市场的视角下，投资者有时还是要先将盈利兑现的。

如下几种情形出现其一，投资者可考虑减仓或清仓操作。

一、股票成长逻辑改变

很多股票在持续很多年的业绩增长后，进入了成熟期，甚至衰退期，业绩继续增长存在困难。此时，投资者就需要重新评估该只股票的价值。若未来还能保持一定的缓慢增速，可考虑逐步降低仓位；若未来可能会进入下降通道，则宜直接清仓。

比如，某只股票之前保持了十几年的持续增长，但在近年出现了下滑。投资者不能一见到股票业绩下滑就断定企业成长逻辑发生了改变，而是要仔细分析其增速下滑的原因，未来有无可能重新进入上升轨道。

若断定企业的增速将会开始下降，则需要重新对该股进行估值分析，用新的估值分析股票当前的价格有无继续持有的必要。若重新估值后，股票的价格明显高于估值，则需要采取清仓策略；若股票的价格仍低于估值，也需采取减仓操作。毕竟之前的仓位是与股票成长性关联的。

这类业绩步入下滑通道的企业并不意味着以后都会一直下滑，企业可能通过新的产品或服务、收购新的企业重新进入二次快速成长的轨道。当然，若出现上述情况，投资者还需要对这类股票再度进行评估，并给出新的估值。

二、个股遭遇毁灭性打击

个股遭遇毁灭性打击，是任何人都不愿意看到的情况，但在 A 股市场上是真实存在的。比如，长生生物的疫苗造假案，直接让一个几百亿市值的企业退出了 A 股市场，两万多股东的资产在几个月内灰飞烟灭。

在长生生物造假案曝光之前，作为市场上的普通投资者是很难了解事情的内幕的，而其靓丽的财报和连续上升的股价，不光让普通投资者将其看成了优质的绩优股，就是基金公司和投资机构也将其看成了大白马股。而造假事件曝光后，股价迎来的是一波断崖式的下跌，如图 10-10 所示。

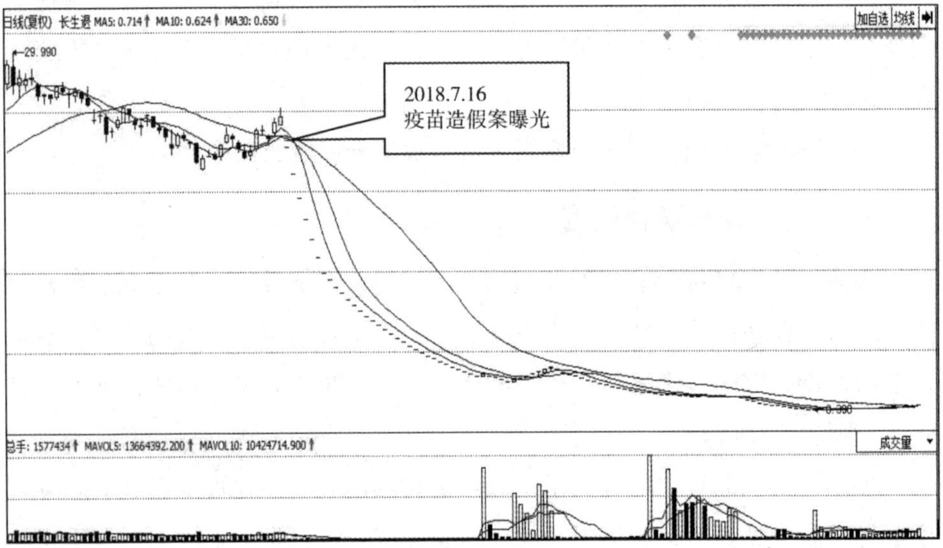

图 10-10 长生生物（002680）日 K 线走势图

长生生物的股价在疫苗造假案曝光之前大约在 25 元的位置。疫苗造假案曝光后，该股股价遭遇了连续的一字跌停。在 3 元左右的价位，该股曾打开了跌停板，但有一些投资者仍没有出货。这部分投资者所持有的股票只能寄希望于企业重组重新上市了，而这类因造假案被退市的股票，想要重新上市几乎不可能。

面对这类股票，投资者除了夺路而逃，没有其他选择。其实，这也是我们仍旧建议价值投资者适当分散投资的原因所在。

三、个股股价严重超过估值

价值投资是以股票的内在价值为核心的投资活动，因此，当股价大幅低于内在价值时，投资者可以考虑入场买入。反之，当股价大幅高于内在价值（其实，即使是超级绩优股，在牛市的末端也会大幅高于内在价值）时，投资者最好适当减持手中的股票。

在牛市的尾声，市场上往往会有人不断高喊更高的目标点位，市场上大多数投资者都坚信股价还会继续上涨，没有人会考虑股价下跌或下跌后该怎么办，也就是说，整个市场都陷入了一种疯狂的状态。此时，作为价值投资者就需要适当减持手中的股票，甚至是清仓。

在牛市的尾声，股价严重偏离了内在价值时，投资者应减仓或清仓，然后待股价下跌到内在价值范围之内，或者大幅低于内在价值时，再重新入场即可